ASSOCIATION NORMANDE

DES

PROPRIÉTAIRES D'APPAREILS A VAPEUR

FONDÉE EN 1874

ASSEMBLÉES GÉNÉRALES

DES 7 MAI 1920 ET 22 AVRIL 1921

ROUEN

IMPRIMERIE GIRIEUD

58, Rue des Carmes, 58

—

1923

ASSOCIATION NORMANDE

DES

PROPRIÉTAIRES D'APPAREILS A VAPEUR

ASSOCIATION NORMANDE

DES

PROPRIÉTAIRES D'APPAREILS A VAPEUR

FONDÉE EN 1874

ASSEMBLÉE GÉNÉRALE

DU 7 MAI 1920

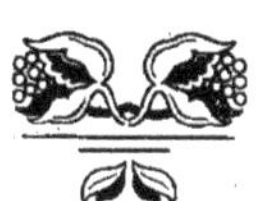

ROUEN

IMPRIMERIE GIRIEUD

58, Rue des Carmes, 58

1923

Exercice 1920

CONSEIL D'ADMINISTRATION

PRÉSIDENTS HONORAIRES :

MM. **Ch. Delaporte**, de la Maison Ch. Delaporte et ses Fils, Filateurs à Maromme.
D. Chedville ✻, ancien Industriel, à Paris.

PRÉSIDENT :

L. Le Picard, Administrateur-Délégué de la Filature St-Paul, à Rouen.

VICE-PRÉSIDENT :

Eug. Lavoisier ✻, Filateur à Saint-Léger-du-Bourg-Denis.

SECRÉTAIRE :

Frédéric Delaporte, Mais. Ch. Delaporte et ses Fils, Filat. à Maromme

TRÉSORIER :

Gaston Manchon I ✪, de la Maison Manchon, Lemaître et Ce, Filateurs et Tisseurs, à Bolbec.

MEMBRES :

E. Breton, Aciéries de Maromme.
Albert Monfray, Maison Monfray frères, Filateurs, à Déville-lès-Rouen.
H. Le Breton, Administrateur de la Filature d'Oissel.
H. Le Mire ✻, Administrateur-Délégué de la Soc. des Anciens Etablissements Petit, filature et tissage à Pont-Audemer.
Jules Grenier, de la Maison Prévost, Grenier frères, Filateurs à Sotteville-lès-Rouen.

COMMISSAIRES RAPPORTEURS :

Marcel Bouchon, Sucrerie et Raffinerie de Nassandres.
A. Mabire, Filateur à Rouen.

PERSONNEL DE L'ASSOCIATION

Honoraire :

A. Leboulanger I ✪, Inspecteur principal honoraire.
A. Léguillon, Inspecteur honoraire.

Actif :

Louis Cauchois ✻, Ingénieur en chef-Directeur.
R. Salvignac, Ingénieur.
A. Lesueur, Ingénieur chargé des essais de machines à vapeur.
H. Bastard, Ingénieur, chargé du service électrique.

L. Béranger, **J. Costesèque**, **L. Doneux**, **F. Dubuc**, **H. Legendre**, **R. Messier**, **J. Terrier**, } Inspecteurs.

M. Pantin, Comptable.
J. Daveine, Employé de Bureau.
Mlle **M. Bameule**, Sténo-Dactylographe.

Supplémentaire :

Mlles **M. Bellelle**, **Z. Bisiaux**, } Sténo-Dactylographes.

M. **R. Feuvrais**, Commis.

ASSOCIATION NORMANDE

DES

PROPRIÉTAIRES D'APPAREILS A VAPEUR

PROCÈS-VERBAL

de l'Assemblée ordinaire du 7 Mai 1920.

Présidence de M. L. LE PICARD, Président.

L'an mil neuf cent vingt, le sept mai, l'Assemblée générale de l'Association Normande des Propriétaires d'Appareils à vapeur s'est réunie à quinze heures.

Ont pris place au bureau :

MM. L. Le Picard, président; Lavoisier, vice-président; F. Delaporte, secrétaire; G Manchon, trésorier.

M. le Président ayant constaté au registre de présence la signature de 222 membres présents, ou régulièrement représentés, ouvre la séance en donnant la parole à M. le Secrétaire pour la lecture du procès-verbal de la précédente Assemblée qui est adopté sans observation.

M. Frédéric Delaporte rend compte, au nom du Conseil d'Administration, des travaux effectués au cours de l'année 1919 et de la situation financière de l'Association.

M. le Président commentant quelques points de ce rapport, insiste sur le développement croissant de l'Association et donne à l'Assemblée des explications au sujet des augmentations de tarif nécessitées par l'accroissement continuel des frais généraux.

M. Marcel Bouchon, commissaire-rapporteur, donne lecture de son rapport par lequel il certifie la parfaite concordence du bilan qui est soumis avec les livres et donne quelques éclaircissements au sujet de certains articles. Constatant que la comptabilité est tenue de façon irréprochable, il propose d'approuver les comptes présentés par le Conseil d'Administration.

Les comptes sont approuvés à l'unanimité ainsi que le vote de remerciements aux deux rapporteurs.

M. L. Cauchois, ingénieur en chef, donne lecture de son rapport technique relatif aux différents travaux effectués par le personnel de l'Association pendant l'exercice 1919.

M. le Président, au nom de l'Assemblée, lui adresse ses remerciements et le félicite, en même temps que le personnel sous ses ordres, pour l'importanee et l'intérêt des travaux effectués.

Les trois Membres du Conseil sortant cette année, MM. F. Delaporte, H. Le Breton et H. Le Mire, sont à l'unanimité réélus pour trois ans.

M. Marcel Bouchon est chargé des fonctions de commissaire pour la vérification des comptes de l'exercice 1920, et M. Mabire délégué pour le suppléer en cas de besoin.

La séance est levée à seize heures.

Le Président de l'Association,
L. LE PICARD.

Le Secrétaire de l'Association,
F. DELAPORTE.

RAPPORT

PRÉSENTÉ AU NOM DU CONSEIL D'ADMINISTRATION

Par M. Frédéric DELAPORTE

Secrétaire.

Messieurs,

Nous avons l'honneur de vous rendre compte des travaux de l'Association pendant l'année 1919 et de soumettre à votre approbation les comptes de l'exercice correspondant, arrêtés au 31 décembre 1919.

1° Résumé des Travaux.

Le développement de notre Association s'est encore accentué notablement en 1919 ; le gain se traduit par 65 nouveaux adhérents, 184 chaudières et 27.700 m² de surface de chauffe. Au 31 décembre 1919, l'Association comptait 640 adhérents, représentant 2.027 chaudières, d'une surface de chauffe globale de 205.700 m².

Les deux tableaux ci-dessous, Nos 1 et 2, permettront de suivre la progression de l'Association depuis 1875 ; ainsi que la répartition des chaudières par département.

Les travaux extraordinaires ont également pris, en 1919, une extension marquée ; les recettes brutes qui étaient de 19.423 francs en 1918 sont passées à 44.824 fr. 90, soit une augmentation de 130,8 %. La progression est nettement supérieure à celle qui devait résulter normalement de la seule majoration des tarifs puisque cette dernière n'était que de 25 % ; il convient en outre d'ajouter que les nouveaux tarifs n'ont été appliqués que pendant le second trimestre. Nous avons constaté que les travaux extraordinaires étaient surtout orientés vers les essais de combustibles ; nous constaterons probablement la même tendance en 1920, par suite des prix de plus en plus élevés des charbons.

Le poste d'ingénieur-électricien, dont nous annoncions la création il y a un an, n'a reçu son titulaire qu'en décembre 1919 ; nous comptons recevoir sous peu les appareils que nous avons commandés, de sorte que notre service électrique devrait être susceptible de fonctionner dans le courant de cette année. Nous avons estimé que la création de ce service répondait à une nécessité nouvelle.

Notre personnel est maintenant au complet ; nous avons comme tou-

Tableau N° 1.

Nombre d'Adhérents et des Chaudières depuis la fondation de la Société

DATE de L'ARRÊTÉ DE SITUATION	NOMBRE D'ADHÉRENTS	NOMBRE de CHAUDIÈRES	SURFACE de CHAUFFE	OBSERVATIONS
30 juin 1875. . . .	85	335	17.000m²	
30 juin 1880. . . .	130	602	25.350	
30 juin 1885. . . .	195	653	33.880	
30 juin 1890. . . .	225	726	39.500	
30 juin 1895. . . .	308	953	58.000	
30 juin 1900. . . .	358	1.155	80.450	
31 décembre 1905 .	389	1.289	93.600	
31 décembre 1910 .	466	1.550	140.800	
31 décembre 1911 .	479	1.578	145.600	
31 décembre 1912 .	496	1.594	147.200	
31 décembre 1913 .	534	1.681	156.500	
31 décembre 1914 .	546	1.673	154.500	
31 décembre 1915 .	547	1.670	154 200	
31 décembre 1916 .	554	1.746	165.300	
31 décembre 1917 .	560	1.793	170.300	
31 décembre 1918 .	575	1.843	178.000	
31 décembre 1919 .	640	2.027	205.700	
Différence	+65	+ 184	+27.700m²	

Tableau N° 2.

Répartition du nombre de Chaudières par Département

ANNÉES	DÉPARTEMENTS										TOTAL
	Calvados	Eure	Eure-et-Loir	Manche	Mayenne	Oise	Orne	Seine Infre	S.-et-Oise	Somme	
1875	6	79	11	»	»	3	»	231	»	5	335
1880	18	69	11	»	»	3	5	392	»	4	502
1885	22	96	20	»	»	3	7	505	»	»	653
1890	17	100	20	2	2	3	18	564	»	»	726
1895	38	125	24	4	2	3	42	715	»	»	953
1900	61	152	17	7	2	3	61	852	»	»	1.155
1905	63	202	17	19	2	3	67	916	»	»	1.289
1910	83	220	13	25	2	3	80	1120	4	»	1.550
1911	79	232	13	28	1	3	79	1139	4	»	1.578
1912	80	231	13	28	1	3	83	1151	4	»	1.594
1913	92	230	13	34	1	3	85	1219	4	»	1.681
1914	106	225	13	38	1	3	83	1200	4	»	1.673
1915	106	236	13	35	1	3	83	1193	»	»	1.670
1916	112	246	13	37	1	3	84	1250	»	»	1.746
1917	115	250	13	42	1	3	84	1285	»	»	1.793
1918	126	253	13	49	1	3	81	1317	»	»	1.843
1919	203	265	13	55	1	3	83	1404	»	»	2.027

Tableau N° 3.

Bilan au 31 Décembre 1919.

ACTIF :		PASSIF :	
Fonds consolidés	261.049 75	Capital	117.319 14
Matériel et Mobilier . . .	11.741 50	Comptes créditeurs	19.435 95
Caisse : espèces à ce jour. .	1.993 15	Dépenses à régulariser. . .	253 10
Dû pour travaux extraordinaires.	2.043 05	Caisse de retraites	84.806 70
		Compte de Participation. .	34.204 04
		Matériel (réserve)	5.243 20
		Dû au Comptoir d'Escompte	3.678 17
		Rèserve spéciale p^r Caisse de retraites	11.886 15
Total. . . .	276.827 45	Total. . . .	276.827 45

Tableau N° 4.

Situation de la Caisse au 31 Décembre 1919.

DÉBIT :		CRÉDIT :	
En caisse au 31 décembre 1919	73 45	Payé pour loyer, impôts et assurances . .	4.320 80
Espèces reçues du Comptoir d'Escompte du 1er janvier au 31 décembre 1919	151.700 »	— frais de bureau et impressions. .	3.327 35
Encaissé directement des adhérents à l'Association.	9.607 35	— frais de voyages et automobile .	45.410 20
Reçu de la Société « Le Secours » ristourne 1917-18 et versement sur sinistre . .	163 45	— appointements et gratifications .	90.384 45
		— frais généraux. .	7.244 25
		— matériel et mobilier.	1.178 85
		— matériel (compte réserve). . . .	359 25
		— à divers.	7.325 95
		En caisse au 31 décembre 1919.	1.993 15
Total. . . .	161.544 25	Total. . . .	161.544 25

TABLEAU N° 5.

COMPTE DE PROFITS ET PERTES

DÉBIT :		CRÉDIT :	
31 décembre 1919 :		Encaissement de coupons d'oblig. et de rentes . . .	12.754 58
Dépréciation de 20 % sur le compte matériel et mobilier	2.641 90	Balance des intérêts et change	1.072 45
Solde des comptes :		Pour solde des comptes :	
Appointements	120.813 15	Cotisations	108.419 50
Frais de bureau et impressions	3.249 95	Travaux extraordinaires :	
Frais de voyages et automobile	44.267 35	Honoraires . . . 44.824 90	
Frais généraux	7.124 25	Rembours. frais	
Loyer, impôts et assurances	3.550 95	de voyages . . 5.712 90	
Droits de garde des valeurs en dépôt	53 75	50.537 80	50.537 80
Travaux exécutés pr divers	590 70	Par divers.	15 40
Pour la caisse de retraites :		Déficit de l'exercice 1919. .	19.819 37
4 % intérêts pour 1919 . .	2.979 85		
10 % sur appointements .	7.330 50		
A Divers	16 75		
Total	192.619 10	Total. . . .	192.619 10

jours apprécié son zèle. Nous sommes heureux de remercier M. l'Ingénieur en chef de son dévouement à l'Association ; nous le prions de transmettre l'expression de notre satisfaction à MM. les Inspecteurs, ainsi qu'à tous ses subordonnés.

2° SITUATION FINANCIÈRE.

La situation financière de l'Association est résumée dans les tableaux 3, 4 et 5, qui donnent le bilan, la situation de la caisse et le résumé du compte profits et pertes.

L'exercice 1918 s'était soldé par un bénéfice de 4.229 fr. 03, l'exercice 1919 se solde malheureusement par un déficit de 19.819 fr. 37. En présence de ce résultat et pour faire face à de nouvelles augmentations de dépenses, notamment en appointements et en frais de voyages, nous avons dû doubler les tarifs des cotisations. Il y a lieu d'envisager une majoration analogue pour les Travaux extraordinaires.

Quand vous aurez entendu le rapport de M. le Commissaire des comptes, nous vous demanderons d'approuver les comptes que nous avons l'honneur de vous soumettre, et de procéder à la nomination, pour trois ans, de trois membres du Conseil d'administration en remplacement de MM. F. Delaporte, H. Le Mire, H. Le Breton, membres sortants et rééligibles.

Le Secrétaire,
F. DELAPORTE.

RAPPORT DE M. M. BOUCHON

Commissaire-Rapporteur des Comptes

Exercice 1919.

Messieurs,

J'ai l'honneur de vous rendre compte de la mission de Commissaire des comptes que vous avez bien voulu me confier.

Mon attention a été plus spécialement appelée dans cet Exercice déficitaire sur la diminution de valeur du poste Capital au bilan qui vous est soumis et sur la disparition du Compte réserve pour imprévu.

Le capital est passé d'une valeur de 131.520 fr, 67 au 31 décembre 1918, à 117.319 fr. 14 au 31 décembre 1919, accusant ainsi une moins-value de 14.201 fr. 53.

Cette différence se décompose comme suit :

1° Bénéfice de l'Exercice 1918.		4.229 03
Réparti comme suit :		
Caisse de retraites	3.500 »	
Versement à la réserve pour imprévu.	729 03	
2° Déficit de l'Exercice 1919.	19.819 37	
Couvert par réserve pour imprévu, pour . . .	16.370 93	
Par capital.	3.448 44	3.448 44
3° Moins-value sur cours des valeurs au 31 décembre 1919.		4.417 06
4° Versement à la Caisse des retraites.		2.107 »
Fr.		14.201 53

Ceci explique et la diminution du Compte capital et la disparition du Compte réserve pour imprévu.

Par ailleurs, j'ai trouvé une parfaite concordance entre les chiffres qui vous sont soumis et les livres; ceux-ci sont tenus d'une façon irréprochable.

Je vous propose donc, Messieurs, d'approuver les comptes qui vous sont présentés.

RAPPORT DE M. L. CAUCHOIS

Ingénieur en Chef

MESSIEURS,

Notre Association qui avait pu maintenir ses travaux et même les étendre un peu pendant la guerre a vu son activité se développer très notablement pendant l'année 1919. Le nombre d'appareils que nous surveillons était au 31 décembre 1919 de 2.027 chaudières et 598 récipients en augmentation sur l'année précédente de 184 chaudières et 63 récipients. C'est là un accroissement annuel que nous n'avions jamais réalisé jusqu'ici. D'autre part nos Travaux extraordinaires qui ont été également plus nombreux que jamais, se sont principalement développés dans le sens de la recherche d'une meilleure utilisation des combustibles.

Après vous avoir donné les statistiques nécessaires pour que vous puissiez vous rendre compte de l'activité de l'Association, j'analyserai nos travaux par rapport au double but défini à l'Article 1er de nos Statuts à savoir : la surveillance des appareils à vapeur afin d'en assurer la sécurité et la recherche des économies dans la production et l'emploi de la vapeur ou de la force motrice.

Le présent rapport se trouvera donc naturellement divisé comme suit :

I. — Statistique des travaux de l'Association ;
II. — Surveillance des Appareils à vapeur ;
III. — Etudes et essais relatifs à la production de l'emploi de la vapeur, contrôle de l'utilisation des combustibles ;
IV. — Etudes diverses.

I. — STATISTIQUE DES TRAVAUX DE L'ASSOCIATION

1° TRAVAUX ORDINAIRES

Les travaux ordinaires comprennent les visites des appareils à vapeur, chaudières ou récipients- inscrits sur nos registres et faisant l'objet d'une cotisation fixe. Ces travaux consistent en visites en marche et en

TABLEAU N° 6.

TRAVAUX ORDINAIRES EFFECTUÉS EN 1919.

DESIGNATION		NOMBRE
Maisons faisant partie de l'Association		640
Etablissements distincts appartenant à ces maisons		731
Chaudières inscrites en 1919		2.027
Récipients divers inscrits en 1919		598
Visites en marche	Visites effectuées	1.488
	% par rapport aux chaudières iuscrites	73
Visites intérieures et extérieures	Visites effectuées	1.555
	% par rapport aux chaudières inscrites	76
Chaudières non visitées intérieurement depuis deux ans	Nombre	153
	Pour cent des chaudières inscrites	7,5 %
Récipients	Nombre total d'appareils visités	532
	Pour cent des récipients inscrits	89 %
Consultations par correspondance		

N. B. — Les visites ou consultations n'ayant pas donné lieu à un rapport écrit ne sont pas comprises dans les chiffres ci-dessus.

TABLEAU N° 7.

CLASSIFICATION PAR TYPES DES CHAUDIÈRES INSCRITES A L'ASSOCIATION EN 1919

TYPES DES CHAUDIÈRES			NOMBRE	TOTAL
Foyers extérieurs grand volume d'eau	Ordinaire à bouilleurs		298	
	A retour de flammes		156	
	Multibouilleurs		11	
	Semi-tubulaires avec ou sans bouilleurs		618	
	— diverses (Martin, Hervier)		3	
	— Lagosse		8	
	Multicommunications		4	1.098
Foyers extérieurs petit volume d'eau	Multitubulaires à faisceau incliné	Babcock et Wilcox	181	
		Belleville	28	
		Collet ou Niclausse	25	
		De Naeyer	25	
		Roser	19	
	Multitubulaires à faisceau vertical ou très peu incliné	Garbe et analogues	31	
		Kestner	10	
	Multitubulaires diverses (Boulte, du Temple		15	334
Foyers intérieurs	Galloway		110	
	Diverses (Lancashire, Piedbœuf, etc...)		179	
	Tubulaire à foyer rectangulaire (type locomotive)		54	
	— à foyer circulaire		20	
	A foyer amovible		73	
	Verticales Field		103	
	Verticales diverses		56	595
		Total...		2.027

visites intérieures et extérieures faites à froid. Ils sont résumés dans le tableau n° 6.

La surveillance s'est exercée pendant l'année 1919 sur 2027 chaudières et 598 récipients.

Le tableau n° 7 donne la répartition par type des chaudières inscrites.

2° Travaux extraordinaires

Par travaux extraordinaires on entend tous ceux qui ne sont pas compris dans l'abonnement, les plus importants de ces travaux sont résumés dans le tableau n° 8.

Tableau N° 8

Travaux extraordinaires effectués en 1919

DÉSIGNATION		NOMBRE
Epreuves hydrauliques officielles faites par l'Association seule		233
Epreuves hydrauliques faites par le Service des Mines avec collaboration de l'Association		125
Cértificats pour dispenser d'épreuves		15
Visites extraordinaires d'appareils inscrits à l'Association	Chaudières	70
	Réchauffeurs	0
	Récipients	2
Visites de Machines à vapeur appartenant aux adhérents		10
Visites d'appareils d'occasion	Chaudières	21
	Machines	5
Visites extraordinaires diverses		49
Contrôles simples de la combustion et leçons de chauffage		24
Essais de vaporisation de chaudières		48
Essais de machines ou turbines à vapeur	Essais simples	117
	Essais de consommation	26
Analyses d'eaux		6
Analyses de charbon		23
Projets d'installation		6

II. — SURVEILLANCE DES APPAREILS A VAPEUR

1° Chaudières

Notre surveillance, en vue d'assurer la sécurité de fonctionnement des chaudières à vapeur, comprend deux genres de visites : *les visites en marche* et les *visites intérieures et extérieures* faites à froid.

§ 1. Visites en marche. Ces visites généralement faites à l'improviste ont pour but de vérifier le fonctionnement apparent des appareils de sureté ou d'alimentation et d'examiner les conditions d'installation des générateurs au point de vue de l'exécution des prescriptions administratives.

Les défauts relatifs à la sécurité ou à l'inobservation des règlements que nous avons été amenés à relever au cours des visites en marche faites pendant l'année 1919 ont été consignés dans le tableau n° 9. Ils peuvent se résumer ainsi :

Défauts relatifs aux formalités prescrites par les règlements. $a = 350$

Défauts relatifs à la sécurité { graves . . . . $b = 291$
sans gravité. . . . . $c = 12$

Le nombre de défauts graves relevés est de 19,6 °/o du nombre de chaudières visitées, en augmentation encore sur l'année précédente. Ce pourcentage, qui est à peu près le double de ce que nous avions avant la guerre, se ressent évidemment des difficultés éprouvées par les industriels pour assurer l'entretien des appareils ; il serait cependant désirable que des efforts soient faits pour éviter ces défauts dont les conséquences peuvent être très graves.

Le pourcentage des manquements aux prescriptions administratives est de 23,5 °/o en angmentation considérable par rapport aux années précédentes. Ce pourcentage qui n'était que de 11,39 en 1913 est revenu à ce qu'il était en 1910. C'est une situation d'autant plus regrettable que ceux d'entre vous qui ne se mettent pas en règle vis à vis des formalités administratives sont sous le coup de contraventions et s'exposent à voir, en cas d'accidents, leur responsabilité particulièrement aggravée.

Si l'utilité de ces visites n'était pas démontrée par la longue expérience que nous avons, les quelques exemples relatés ci-dessous suffiront à les justifier :

Rapport No 172 « Nous vous engageons à arrêter d'urgence ce générateur dont la plaque tubulaire et le faisceau sont avariés afin de procéder aux réparations nécessaires. Le maintien en fonctionnement de ce générateur est dangereux au point de vue de la sécurité ».

Voici donc une visite qui a été faite tout à fait à temps pour éviter

TABLEAU N° 9

DÉFAUTS RELEVÉS AU COURS DES VISITES EN MARCHE

NATURE DES DÉFAUTS		NOMBRE	CATÉGORIE
Manomètres	sans bride d'essai	13	*a*
	inexacts de plus de 1/2 kilog.	67	*b*
	en mauvais état d'entretien	8	*b*
	gradués en atmosphères ou inexactement gradués	2	*a*
	ne portant pas la marque exigée par le décret	26	*a*
Indicateurs de niveau à tube de verre	en réparation ou inutilisés	29	*b*
	en mauvais état d'entretien	81	*b*
	disposés de façon défectueuse	»	*b*
	sans indication du niveau réglementaire de l'eau	47	*a*
	insuffisamment protégés contre l'action du bris du tube.	218	*a*
Flotteurs et Sifflets	mal réglés ou mal disposés	»	*b*
	en mauvais état d'entretien	12	*c*
Robinets de jauge	ne fonctionnant pas ou fonctionnant mal	11	*b*
	en mauvais état ou mal placés	6	*b*
Soupapes de sûreté	calées	»	*b*
	surchargées	35	*b*
	en mauvais état d'entretien	9	*b*
	de mauvaise construction ou disposition	»	*d*
Appareils d'alimentation	sans clapet de retenue ou clapet mal placé	2	*a*
	en mauvais état d'entretien	3	*b*
	alimentation insuffisante	»	*b*
Tuyauterie et robinetterie	mal disposées	»	*d*
	sans clapet de retenue aux prises de vapeur de 80 m/m et plus	2	*a*
	fuites aux joints de tuyaux	4	*d*
	fuites aux valves et robinets	2	*d*
	fuites aux piétements	3	*d*
Devantures	cassées ou en mauvais état	1	*d*
	portes de foyers en mauvais état	4	*d*
	d° non munies de loquets de fermeture	29	*a*
	d° et de cendrier de chaudières multitubulaires non automatiques	2	*a*
	fermetures de boîtes à tubes, à fumée, etc., insuffisantes	8	*a*
	rentrées d'air	2	*d*
Chauffage	feux mal conduits ou trop poussés	3	*d*
Chaufferies	encombrées ou mal tenues, mal éclairées	1	*d*
	ne possédant pas de moyens de retraites suffisants	1	*a*
	disposées de façon dangereuse	»	*b*

TABLEAU N° 9 (*suite*)

NATURE DES DEFAUTS			NOMBRE	CATÉGORIE
Divers. . .	chaudières manquant d'un des appareils de sûreté réglementaires.	indicateur à tube.	2	*b*
		autre appareil. . .	21	*b*
	réchauffeurs non munis de la soupape de sûreté obligatoire		»	*a*
	fuites à des rivures		19	*b*
	maçonneries délabrées		2	*d*
	grilles en mauvais état.		»	*d*
	surchauffeurs non munis de la soupape de sûreté obligatoire		»	*a*

un accident qui n'aurait pas manqué de se produire si la chaudière avait continué à fonctionner dans l'état où elle se trouvait.

Rapport N° 221 *Indicateur de niveau à tube de verre.* — N'était pas en service lors de notre passage et était sans protecteur. Nous vous rappelons que le décret du 9 octobre 1907, article 13, exige qu'il y ait toujours en service deux appareils indicateurs du niveau de l'eau, dont un au moins à tube de verre, et vous engageons vivement à vous conformer aux prescriptions précitées.

Soupapes de sûreté. — Lors de notre passage, nous avons constaté qu'il y avait une surcharge d'une vingtaine de kgs, sur l'extrémité des leviers, au-dessus du poids.

Nous vous engageons à renoncer à ces pratiques très dangereuses pour la sécurité du générateur, condamnées par les règlements et qui rendent passibles d'emprisonnement le chauffeur et l'exploitant (loi du 21 juillet 1856, article 7).

Appareils d'alimentation. — Il n'existe pas de clapet de retenue à l'insertion du tuyau d'alimentation sur le bouilleur dans lequel est envoyée l'eau d'alimentation

Nous vous engageons à munir cette conduite d'un clapet, ainsi que l'exige l'article 10 du décret du 9 octobre 1907.

Vous avouerez qu'il aurait été difficile d'enregistrer plus d'infractions aux prescriptions administratives et parmi celles-ci relevées, sé trouvent les plus graves au point de vue de la sécurité.

§ 2. Visites Intérieures et extérieures Ces visites faites à froid ont pour but de découvrir autant que possible les vices cachés, invisibles pendant la marche. Elles constituent la partie la plus importante de notre mission et répondent d'ailleurs à une obligation précise des règlements administratifs (décret du 9 octobre 1907, article 39 et 40).

Trop grand est le nombre des industriels qui ne se conforment pas à cette prescription. C'est ainsi que dans le courant de l'année 1919, nous n'avons été mis à même de visiter que 76 % des chaudières inscrites.

Parmi les chaudières non visitées il s'en trouve 7,5 % contre 15 % en 1918, qui n'ont pas été visitées depuis 2 ans. Je ne saurais trop exhorter les propriétaires de ces 153 chaudières qui ne sont pas encore mis en règle à le faire le plus tôt possible, non seulement par crainte d'ennuis administratifs, mais encore au point de vue de la simple prudence, car d'après l'expérience des Associations, il est indispensable de ne pas laisser écouler deux années entre deux visites consécutives.

D'ailleurs, depuis le 1er janvier, un certain nombre d'entre eux se sont mis en règle, sur notre demande.

Les défauts, interessant la sécurité ou l'observation des réglements qui ont été relevés au cours des visites intérieures et extérieures ont été classés méthodiquement dans le tableau n° 10.

Parmi les défauts rencontrés le plus fréquemment au cours de l'année, j'attirerai votre attention sur les dénivellements que les chaudières à foyers extérieurs (semi-tubulaires, à retour de flammes, à bouilleurs, ordinaires à bouilleurs) subissent à la longue dû fait des tassements, soit des terrains sous-jacents, soit des des murs des fourneaux sur lesquels elles reposent du fait de joints de liaison trop épais entre les briques. Il en résulte :

1° Un portage excessif des bouilleurs sur les patins. La surface de ce portage n'ayant pas été calculée pour supporter la totalité du poids de la chaudière la tôle fléchit à cet endroit ;

2° Un portage des têtes de bouilleurs sur les devantures. Le moins que puisse produire ce portage c'est la dislocation de cette devanture, mais il peut en résulter aussi une avarie des têtes elles mêmes de ces bouilleurs, particulièrement dangereuse lorsque ces têtes sont en fonte. Enfin ce portage peut amener fuites et cassures aux premières et secondes rivures circulaires des bouilleurs ;

3° La formation d'un cantonnement important de vapeur à la partie supérieure arrière des bouilleurs (ciel de vapeur).

Les ciels de vapeur sont reconnaissables à la couleur du dépôt qui tapisse les tôles aux endroits où ils existent. En outre ce dépôt, tartre, ou boue recuite, est beaucoup plus épais à l'endroit des cantonnements de vapeur que sur les parties de tôles avoisinantes. La surchauffe résultant de la présence de ce ciel de vapeur, encore agravée par l'absence accidentelle ou normale, du revêtement réfractaire qu'il est prudent de disposer sur la tôle du côté du feu, entraîne la dénaturation du métal ce qui provoque des cassures ou encore souvent l'attaque de la tôle par le tartre doù resulte les perforations de la tôle.

Ci-dessous quelques cas typiques de ces dénivellements tels qu'ils ont été décrits dans nos rapports de visites :

Visite 144. De la visite faite il résulte que la partie avant des bouilleurs est de 0 m. 180 plus basse que la partie arrière. Le mauvais état des maçonneries avant du générateur en est cause.

Tableau N° 10

Défauts relelés au cours des Visites Intérieures et Extérieures pendant l'exercice 1919

NATURE DES DÉFAUTS				DÉFAUTS non dangereux	DÉFAUTS dangereux
Pailles	côté de l'eau	aux coups de feu		22	»
		à d'autres tôles		20	»
	côté du feu	aux coups de feu		9	»
		à d'autres tôles		11	»
		à des plaques tubulaires		1	»
Bosses et déformations	aux coups de feu			220	1
	à d'autres tôles			27	»
	à des plaques tubulaires			3	»
	à des tubes			14	»
	à des pièces			2	»
	provenant des chocs ou d'autres causes extérieures			10	»
Fentes et cassures	aux rivures.	transversales	aux coups de feu	»	»
			à d'autres tôles	»	1
		longitudinales		»	2
		à des pièces	aux coups de feu	8	»
			à d'autres tôles	2	»
		aux gueulards		3	»
		à l'emmanchement des tubes		»	»
		à des boites de jonction ou collecteurs de chaudières multitubulaires		»	»
	en pleine tôle.	aux coups de feu		»	»
		à d'autres tôles		4	»
		à des fonds emboutis		»	»
		à des plaques tubulaires		4	1
		à des pièces	aux coups de feu	1	»
			à d'autres tôles	»	»
		dans des parties coudées		11	1
		à des tubes		4	»
		à des boites de jonction ou collecteur de chaudières multitubulaires		»	»
			A reporter	376	6

NATURE DES DÉFAUTS				DÉFAUTS non dangereux	DÉFAUTS dangereux
			Report. . .	376	6
Fuites	aux rivures	transversales	aux coups de feu.	2	»
			à d'autres tôles .	64	»
		longitudinales		9	»
		à des pièces	aux coups de feu.	4	»
			à d'autres tôles .	2	»
	à l'emmanchement des tubes			64	3
	à des boîtes ou éléments de chaudières multitubulaires			7	»
	à des joints de communications.			»	»
	à d'autres joints			2	»
Corrosions	côté de l'eau	dans les ciels		18	»
		au plan d'eau.		98	3
		en d'autres points.		362	»
		aux tubes.		54	4
		aux rivets		31	1
	côté du feu	par suite de fuites.		3	»
		par humidité et suie . . .		6	»
		aux tubes.		2	1
Mauvais nettoyage	des tôles ou tubes	du côté de l'eau.		215	10
		du côté du feu		31	»
	du tuyau d'alimentation			41	»
	des carneaux.			75	»
Appareils de sûreté	Manomètres	dont l'aiguille ne revient pas à sa position initiale.		71	»
		mal gradués ou sans la marque réglementaire		31	»
	Indicateurs de niveau	à tube de verre	niveau minimum non tracé .	39	»
			non munis de protecteurs . .	137	»
			tuyaux obstrués ou crevés. .	28	»
			mal entretenus, fonction. mal.	32	»
			mauvais réglage . . .	»	»
		à flotteurs magnétiques et autres	mal entretenus, fonction. mal	13	»
			mauvais réglage	3	»
		Robinets de jauge : Mal entretenus, fonct. mal		10	»
	Soupapes : usées, mal entretenues, ou de construct. défectueuse.			13	»
	Clapets de retenue d'alimentation	manquants ou mal placés		»	»
		en mauvais état		2	»
	Tuyau d'alimentation en mauvais état. . .			4	»
			A reporter. . .	1.849	28

NATURE DES DÉFAUTS			DÉFAUTS non dangereux	DÉFAUTS dangereux
		Report. . . .	1.849	28
Fourneaux et carneaux	montage défectueux	. . . .	»	»
	maçonneries en mauvais état	dans le foyer.	183	»
		dans les carneaux . .	240	»
	Carneaux humides	. . . .	21	»
	barreaux de grilles	brûlés ou en mauvais état. .	20	»
		de mauvaises dimensions ou mal disposés	9	»
	portes	de foyers — non munies de loquets de fermeture ou de fermetures automatiques selon les cas.	41	»
		de cendriers, non munis de fermetures automatiques.	4	»
		des boîtes à tubes et à fumée, fermeture insuffisante.	5	»
	registres : fonctionnant mal	. . . .	»	»
Chaufferie	ne présentant pas de moyens de retraite suffisants	. . . .	44	»
	trop exiguë, mal tenue ou mal éclairée	. .	1	»
Défauts divers	supports et sommiers	mal placés ou mal calés . . .	107	1
		à remplacer	30	»
		en nombre insuffisant . . .	1	»
	têtes de rivets cassées	. . . .	21	»
	entretoises cassées ou donnant lieu à des fuites.		4	»
	armatures voilées ou cassées	. . . .	4	»
	valves et robinets usés ou en mauvais état.		20	»
	prises de vapeur de 80 m/m et plus non munies de clapets d'arrêt de vapeur automatique.		20	»
	réchauffeurs	non munis de la soupape de sûreté obligatoire	2	»
		mauvaise disposition	»	»
		tubes d'économiser cassés. . . .	3	»
	surchauffeurs	non munis de la soupape de sûreté obligatoire.	»	»
		avaries diverses	9	»
	présence de matières grasses sur les tôles .		23	»
	tuyaux de vidange en mauvais état		»	»
		Total. . .	2.661	29

Étant donné : 1° Les forts ciels de vapeur constatés aux bouilleurs et qui pourraient amener la fissuration de la tôle en ces endroits.

2° Le danger de voir les tôles de coup de feu s'ampouler par suite du rassemblement sur les dites de tous les dépôts calcaires.

3° Le portage des robinets de vidanges sur la devanture (ici la devanture était décalée en avant des bouilleurs de 10 c. m.) et la crainte de voir ceux-ci se rompre principalement au ras de leur point d'insertion dans la tête des bouilleurs.

Nous vous engageons vivement à faire opérer le nivellement de ce générateur.

Visite N° 244 La tôle de coup de feu de chacun des bouilleurs a fléchi vers l'arrière à l'endroit où posent les patins. Cette avarie est le résultat de la charge excessive supportée par ces portées de tôles dûe au défaut de portage désirable fixé sur le corps et résultant de l'affaissement des murs latéraux.

Il y a lieu de reprendre le callage, sous les oreilles fixées sur le corps principal de la chaudière.

Parmi les autres défauts de chaudières dont je tiens à vous entretenir il en est qui bien que n'étant rencontrés que sur de petites chaudières auxiliaires n'en sont pas moins graves et peuvent provoquer des accidents de personnes. Je veux parler des diminutions d'épaisseurs que subissent les parties inférieures des foyers de chaudières du type vertical et du type tubulaire à foyers rectangulaires ou circulaires. Le peu d'importance de ces chaudières dans l'établissement, au regard des grosses unités qui y fonctionnent, le service temporaire que souvent elles fournissent, font qu'elles ne sont pas l'objet des mêmes soins, au point de vue entretien que leurs grandes sœurs.

La lecture du rapport de visite n° 768, reproduit in-extenso ci-dessous vous permettra de juger de l'importance des avaries que peuvent subir ces genres de chaudières et qui sont le plus souvent les plus ignorées des usagers : les parties basses de ces chaudières étant hors de la vue et le plus souvent masquées par des morceaux de charbon.

L'affaiblissement déjà signalé de la partie inférieure de la tôle du foyer s'est très accentué : l'épaisseur primitive de la tôle, 11 m/m, est réduite à 3 m/m.

Il y aurait danger à continuer à faire fonctionner cette chaudière dans l'état où se trouve le foyer. Nous vous engageons à faire remplacer la virole du foyer.

C'est à cet affaiblissement de la partie basse du foyer que doit être attribué l'explosion d'une chaudière de ce type qui occasionna des blessures graves au personnel d'un industriel qui nous confia par la suite la surveillance de toutes ses chaudières.

2° Récipients

Le nombre de récipients surveillés au cours de l'année 1919, est en augmentation de 63 sur l'année précédente. Nous avons effectué la visite de 89 % des récipients inscrits.

Les défauts relevés se classent comme suit :

Défauts relatifs aux formalités prescrites par les règlements : 269.

Défauts relatifs à la sécurité { graves...... 12. / sans gravité. 25.

Sans vouloir entrer pour cette année, dans le détail des défauts relevés, j'insisterai néanmoins sur les soins qu'il convient d'apporter à l'entretien des appareils d'utilisation de la vapeur, et particulièrement à leurs appareils de sûreté : manomètres et soupapes qui sont trop souvent en défaut ou impossibles à vérifier.

3° Visites extraordinaires

Ces visites sont celles qui nous sont demandées en dehors des visites réglementaires prévues aux statuts. Le détail en a été donné dans la statistique des travaux.

Elles ont trait principalement à des examens de chaudières ou de machines, sur lesquelles des avaries sont survenues, afin de déterminer leur importance et les réparations auxquelles on peut procéder.

Ces visites nous sont également demandées pour examen des chaudières et machines d'occasion. Les appareils de ce genre ont été tellement recherchés pendant la guerre, que l'on doit se méfier aujourd'hui plus que jamais de leur état, et c'est avant même de procéder à l'achat qu'il convient de nous demander d'effectuer ces visites.

4° Epreuves hydrauliques

Un décret paru le 23 février 1919, a donné aux Associations des propriétaires d'appareils à vapeur reconnues, la faculté de procéder aux épreuves hydrauliques officielles dans certaines conditions, aux lieu et place du Service des Mines.

La réussite des épreuves donne lieu comme par le passé à un poinçonnage des médailles de timbre, qui est à l'effigie de Denis Papin, tandis que le Service des Mines continue à poinçonner comme précédemment avec un poinçon à tête de cheval.

La faculté donnée à nos adhérents de pouvoir s'adresser à nous a été excessivement bien accueillie, en raison particulièrement de la rapidité avec laquelle nous pouvons donner satisfaction aux demandes d'épreuve.

Depuis le 1er juin 1919, date d'application de ce nouveau régime, nous avons effectué par nous-mêmes 233 épreuves hydrauliques officielles de chaudières ou récipients.

Nous avons en outre, au cours de l'année, assisté l'Ingénieur des Mines dans 125 épreuves hydrauliques.

5° Accidents

Les appareils, chaudières ou récipients que nous surveillons, n'ont donné lieu cette année, comme cela se présente d'ailleurs le plus souvent, à aucun accident.

Je ne citerai qu'un incident relatif à une tuyauterie de vapeur, sur laquelle un entrepreneur de couverture avait eu l'imprudence de prendre appui pour effectuer son travail. La tuyauterie s'étant rompue les 5 ouvriers qui se trouvaient sur le massif des chaudières auraient cercertainement été brûlés par la vapeur, s'il n'y avait pas eu des clapets automatiques d'arrêt de vapeur, dont la fermeture immédiate les a ainsi préservés. Les clapets fermant, en cas d'avarie de la chaudière, sont seuls obligatoires pour le moment, mais l'exemple précédent prouve bien l'utilité des clapets doubles. On peut remédier aux fermetures intempestives qui peuvent se produire, dans les chaudières à débit très variable par un volant de remise en place du clapet, manœuvrable de l'extérieur.

6° Documents administratifs relatifs à la sécurité des chaudières

J'ai à vous signaler pour l'année 1919 :

1° Le décret du 23 février 1919 relatif au poinçonnage des chaudières par les Associations, dont je vous ai entretenu déjà par avance l'année dernière et dont le texte vous a été donné.

2° Une circulaire ministérielle en date du 22 mars 1919 concernant les *réépreuves avec surtimbrage*. L'abus qui était fait de surtimbrer les chaudières afin d'en trouver un meilleur prix de vente ou pour les mettre en parallèle avec des chaudières plus modernes a amené l'Administration à se montrer un peu plus rigoureuse et à exiger certaines garanties dont la principale est la mise à nu complète de la chaudière à l'occasion de l'épreuve. Les chaudières dont le timbre antérieur est inconnu et incertain doivent être considérées comme des chaudières à surtimbrer.

3° Une circulaire ministérielle en date du 22 mai 1919 renvoyant aux préfets le modèle du *poinçon* des Associations.

4° Une circulaire ministérielle en date du 7 août 1919 relative aux *dérogations à l'article 16 du décret du 9 octobre 1907*. Cette circulaire rappelle que les mesures spéciales exigées pour les portes de foyer et de cendriers des chaudières à tube d'eau et du surchauffeur, sont applicables aux chaudières à chargement automatique. Toutefois en raison des difficultés d'application, des dérogations peuvent être admises mais qui doivent faire l'objet de demandes spéciales pour chaque cas et être motivées.

5° Une circulaire ministérielle du 3 octobre 1919 relative aux mesures de sécurité à prendre dans la construction et l'emploi des *récipients de vapeur à couvercle ou fond amovible.* C'est précisément à un appareil de ce genre qu'était arrivé l'accident que je vous ai relaté dans mon rapport de l'année dernière. C'est une raison pour moi d'insister sur le danger que présentent ces appareils, même fonctionnant à basse pression, lorsqu'ils ne sont pas construits correctement ou lorsqu'ils sont menés de façon défectueuse.

Les dispositions préconisées par la circulaire doivent être exigées aussi bien du constructeur d'appareils neufs que de ceux qui entreprennent la transformation d'appareils anciens.

6° Une circulaire ministérielle du 12 novembre 1919 relative à l'interprétation à donner au titre V du décret du 9 octobre 1906 en ce qui concerne les appareils à vapeur constitués par un *groupe de récipients*.

L'interprétation des articles du titre 5 du décret donnait lieu souvent à controverse suivant que l'on s'attachait à l'esprit ou à la lettre. La circulaire consacre le sens que nous avions toujours préconisé et adopté.

7° Le décret du 24 décembre 1919 relatif aux établissements dangereux, insalubres ou incommodes.

8° L'arrêté ministériel du 25 décembre 1919 relatif à l'installation de réservoirs souterrains destinés à l'emmagasinage des liquides inflammables.

Ces deux derniers documents peuvent intéresser les usines qui auraient à installer des dépôts de combustibles liquides pour l'alimentation de fours ou générateurs de vapeur. On les trouvera reproduits dans le Bulletin n° 2 du Groupement des Associations françaises de Propriétaires d'Appareils à Vapeur.

Les autres circulaires qui ont déjà paru dans le Bulletin ont été néanmoins reportées en annexe du présent rapport.

III. — ÉTUDES ET ESSAIS RELATIFS A LA PRODUCTION ET L'EMPLOI DE LA VAPEUR

Contrôle de l'Utilisation des Combustibles

Considérations générales

La recherche des économies dans la production et l'emploi de la vapeur a toujours été l'une des préoccupations principales de notre Association. C'est ainsi qu'avant la guerre nous avions fréquemment à faire des essais comparatifs de charbons ou à rechercher les mélanges susceptibles de donner le rendement maximum. Mais, ce qui importait alors était non pas tant d'obtenir le maximum de vapeur par kilog. de charbon que d'arriver au prix de revient le plus bas possible pour la production de la vâpeur ou son utilisation, en tenant compte de l'amortissement des appareils et des installations.

Actuellement, la situation est bien différente. Les industriels sont réduits, par la pénurie du charbon, à brûler ce qu'ils trouvent, et ils le font souvent dans des conditions très défectueuses, car les combustibles qu'ils reçoivent sont de qualité très médiocre, et pas toujours appropriés aux appareils dans lesquels ils sont utilisés.

Il en résulte nécessairement une augmentation de la consommation de charbon qui, pour certaines industries, atteint presque le double d'avant guerre, grevant d'autant le prix de revient des produits fabriqués.

Il est donc urgent, et nos Associations l'ont réclamé, que l'on obtienne rapidement des houillières la reprise des méthodes de triage et lavage pratiquées avant la guerre. Mieux vaut faire ce travail supplémentaire au départ, que d'avoir à supporter par la suite les frais supplémentaires de manutention et de transport d'une matière inutilisable, les ennuis de fabrication et finalement consommer une quantité plus grande d'un combustible dont on devrait cependant être très économe.

Cette crise de quantité et de qualité est encore aggravée pour les Industriels de nôtre région par l'obligation dans laquelle ils se trouvent de consommer des charbons anglais, ce qui leur fait supporter la répercussion des hauts cours du change et du fret. — Cette question est en dehors de l'action immédiate de notre Association, mais son importance est telle que je n'ai pas voulu la passer sous silence, et qu'il est permis d'espérer qu'une plus juste péréquation des prix permettra de répartir également les charges sur les industries des différentes parties de la France.

En présence d'une telle situation, il est de l'intérêt de chacun et, de plus, d'intérêt national, d'économiser le charbon au maximum. — Tous malheureusement ne le comprennent pas également et il est à craindre que des mesures de surveillance, sinon de contrainte, ne soient instituées en vue d'obtenir une meilleure utilisation des combustibles. — Un décret du 14 mars 1920 a, en effet, institué une Commission interministérielle dans le but de rechercher les moyens les plus efficaces pour obtenr ce résultat.

Des économies notables sont possibles, dans nombre d'usines, et cela par des moyens relativement faciles et peu coûteux, mais il est nécessaire pour cela d'être renseigné tout d'abord sur la façon dont le combustible est actuellement brûlé et savoir ce qu'il conviendrait de faire pour améliorer cette utilisation. Ces renseignements ne peuvent être obtenus qu'en contrôlant les différents stades de la production de la force motrice et de son emploi, et en recherchant systématiquement les endroits où les pertes peuvent se produire. Ce contrôle peut être plus ou moins complet et comporter des travaux très différents, suivant les points sur lesquels l'économie est envisagée. J'analyserai par la suite successivement les différentes visites ou essais que nous avons été amenés à faire dans ce but et quelques-uns des résultats obtenus.

Auparavent, je veux vous dire quelques mots d'un contrôle que nous avons eu à organiser et à effectuer pour le compte du Groupement des Industriels de l'armement N° 4, qui comprenait dans le département de la Seine-Inférieure 74 usines, auxquelles il était réparti mensuellement 31.000 tonnes de charbon. La mission qui nous avait été donnée consistait à examiner les chaudières, fours, machines à vapeur, organes de transmission, etc., en un mot tout ce qui, directement ou indirectement, impliquait une consommation de combustibles et à indiquer les améliorations à apporter aux installations ou à leur conduite, de façon à obtenir une diminution dans la consommation du combustible. Ces examens ainsi que tous les essais que nous pouvions être appelés à faire pour l'établissement du rendement ou la vérification de la marche des appareils étaient à la charge de la caisse du Groupement. Les rapports devaient être établis en double pour la Direction du Groupement et l'usine visitée ; mais le nom de cette dernière ne devait être communiqué au Groupement qu'avec son assentiment. En tout cas le contrôle devait rester anonyme à l'égard du Ministère de l'Armement. Quiconque s'est occupé de contrôle sait que ce sont bien souvent ceux qui en auraient le plus besoin qui y font le moins appel, soit que le temps leur manque pour pouvoir s'en occuper, soit qu'ils en ignorent l'importance. La méthode adoptée avait l'avantage d'imposer à tous la recherche des économies, de le faire avec le minimum de dérangement pour eux et sans frais. D'autre part, les précautions prises pour respecter la liberté des intéressés leur enlevait toute crainte de rigueurs administratives, aussi notre contrôle a-t-il été très bien accueilli par tous les Industriels. Nombreux sont ceux qui, intéressés par nos essais, les ont pris comme point de départ, non pas seulement de modifications immédiates, mais de transformations complètes susceptibles d'apporter des économies importantes.

Parmi les usines visitées il en a été trouvé à peu près 22, représentant une consommation mensuelle de 3.800 tonnes pour lesquelles, à moins de transformations radicales, on ne pouvait guère mieux utiliser le charbon qu'on ne le faisait. Dans les autres des économies ont été réalisées ou pourront l'être à plus ou moins brève échéance, qui auraient pu aller pour certaines jusqu'à 60 °/₀ de charbon consommé. La moyenne calculée des économies facilement réalisables était de 15 °/₀ environ de l'ensemble de la consommation, soit mensuellement plus de 465 tonnes de charbon.

Visites du Service ordinaire

Nos visites ordinaires faites surtout en vue d'assurer la sécurité des appareils ont également pour but la recherche des économies. C'est ainsi qu'au cours de nos visites à froid, nous avons eu à insister fréquemment sur l'importance des nettoyages pour conserver aux chaudières un rendement suffisant. Il faut bien se rappeler qu'une couche de tartre ou de suie maintenue sur les parois des tôles ou tubes d'une chaudière peut être l'origine d'une avarie, elle entraîne également une diminution de production de vapeur, et par conséquent une consommation de charbon en pure perte et cela en proportion même de l'importance du dépôt.

Le défaut de nettoyage provient parfois de ce que le personnel chargé de ce travail, se trouvant sans surveillance, le fait d'une façon beaucoup trop hâtive ; mais le plus souvent, les usines ne possédant pas de chaudières de réserve, le temps manque réellement pour faire un nettoyage sérieux. L'épuration préalable de l'eau est dans ce cas très recommandable, mais pour être vraiment efficace elle demande à être constamment surveillée.

Parmi les défauts intéressant l'économie de combustible que nous avons souvent à relever, je vous signalerai encore les rentrées d'air par maçonneries disjointes, les fentes aux devantures, les passages directs entre carneaux, les obstructions, le mauvais fonctionnement des registres, trop difficiles à manœuvrer ou ne fermant pas, etc.

Contrôle de l'utilisation des combustibles.

Ce contrôle s'opère d'abord par la mise au point de la conduite des feux, qui donne lieu à des relevés de dépressions dans le foyer et au registre, et à l'analyse concommittente des gaz de la combustion.

A cette occasion nous corrigeons les fautes de technique commises par le chauffeur dans la conduite de ses feux Les mesures faites nous permettent de lui faire voir de façon tangible le résultat des erreurs qu'il commet.

En même temps, par des relevés de températures, il est possible de se rendre compte de l'utilisation par la chaudière des calories dégagées sur la grille. Nous rangeons l'ensemble de ces travaux sous la désignation de *Contrôle simple de la Combustion*. Ce contrôle simple de la combustion ne permet pas d'avoir une idée exacte sur la manière dont fonctionne l'appareil évaporatoire et sur le rendement de celui-ci, Pour les déterminer, on mesure d'une part l'eau introduite dans la chaudière et d'autre part le charbon brûlé sur les grilles et les déchets qui en sont retirés. Ce genre de mesures est toujours accompagné d'un contrôle simple de la combustion. Nous appelons ce travail *Essai complet de vaporisation*.

Le contrôle des conditions qui ont accompagné la production de cette vapeur étant fait, il y a lieu d'étudier la façon dont elle est transportée et utilisée. Cette étude fait l'objet de 3 genres d'essais différents.

S'il s'agit d'une machine à vapeur et qu'on veuille régler la distribution ou bien voir s'il n'existe pas d'avaries graves à celle-ci, on opère un relevé de diagrammes à l'indicateur que nous désignons sous le nom d'*Essai simple de machine*.

Si au cours de ces essais on a remarqué des défauts aux diagrammes pouvant faire craindre des avaries aux organes de distribution amenant une dépense anormale de vapeur, on déterminera cette quantité de vapeur fournie à la machine en même temps que l'on relèvera la puissance qu'elle développe, c'est ce que nous appelons *essai de consommation*. Ces essais de consommations sont également entrepris lorsque l'on veut vérifier les garanties données par un constructeur, pour une machine à vapeur. A cet égard nous ne saurions trop engager nos adhérents à nous consulter au moment ou ils concluent un marché pour fourniture de machines à vapeur, ils s'éviteraient bien des ennuis par la suite. Il est en effet indispensable que les garanties de consommation par cheval ou K.W. soient indiquées, de façon nette, qu'elles ne donnent lieu à aucune ambiguïté, que les pénalités soient précisées et qu'enfin les deux parties acceptent de s'en remettre à l'Association, du soin d'effectuer, suivant ses méthodes connues de tous, les essais destinés à vérifier les stipulations garanties.

Enfin un 3me genre d'essais, est celui qui consiste à évaluer la quantité de vapeur absorbée par les machines auxiliaires (pompes alimentaires) et les appareils de fabrication, ainsi qu'à examiner les conditions de transport de la vapeur.

Nous allons passer successivement en revue ces principaux chapitres du contrôle de l'utilisation du combustible.

Contrôle simple de la combustion

L'essai le plus simple est le contrôle de la combustion fait au moyen de relevé de dépressions dans le foyer et d'analyse des gaz de la combustion et de la détermination de leur température. Ces mesures, jointes à un examen de l'installation et de la technique du chauffeur, donnent des renseignements fort intéressants. Ce contrôle fut fait à l'occasion de nos essais de vaporisation au cours de l'analyse desquels nous donnerons la part qui lui revient dans l'étude de l'utilisation du combustible.

Essais complets de Vaporisation.

Trente-neuf essais complets de vaporisation nous ont été demandés pendant l'exercice qui vient de s'écouler, trente-sept seulement sont portés dans les tableaux, car pour les deux autres essais le combustible se compose d'un mélange de houille, bois et coke, les chiffres de vaporisation ne peuvent être comparés à ceux obtenus dans les 37 autres essais. Tous avaient pour but de connaître le rendement des générateurs. Quatorze seulement ont été exécutés sur une période de vingt-quatre heures, permettant de tenir compte des refroidissements pendant l'arrêt des générateurs et du combustible nécessaire à l'allumage. Nous résumons dans le tableau n° 11 les résultats de ces essais.

Les essais consignés dans ce tableau furent presque tous l'objet d'un essai sur un laps de temps très court contenu dans une même journée et nous analyserons l'ensemble de ces essais à l'occasion de l'examen des chiffres du tableau dans lequel ils seront rangés. Trois pourtant n'ont fait l'objet que d'un essai de 24 heures et méritent d'être mentionnés :

Essai 65. — Effectué sur une chaudière à foyers intérieurs, type marine, la vaporisation est très mauvaise. Contrairement à ce que l'on pourrait penser, la faiblesse du chiffre de la vaporisation est due à la mauvaise qualité du charbon, 25,4 % de cendres à l'analyse, et non à l'allure de la combustion ou à l'état de la chaudière. La combustion, par mètre carré de surface de grille et de la chauffe, n'étant pas exagérée, et l'état des surfaces d'échanges calorifiques étant satisfaisantes.

Essai 82. — Effectué sur une chaudière semi-tubulaire dont la grille, agrandie pour brûler du bois, n'arrivait pas à être couverte quand on alimentait le foyer avec de la houille. Deux rangées de briques posées à plat sur la partie arrière de la grille suffirent pour obtenir une surface de grille en rapport avec la quantité de charbon brûlé dans ce foyer. Au cas ou ultérieurement on serait obligé de brûler à nouveau du bois, il suffira d'enlever les briques. Modifications

TABLEAU N° 11

ESSAIS DE VAPORISATION (24 HEURES)

N°s des ESSAIS.	DÉSIGNATION DES CHAUDIÈRES.	COMBUSTIBLES.		POIDS DE CHARBON BRULÉ par heure et par mètre carré de surface.		POIDS D'EAU vaporisée par heure et mètre carré de surface de chauffe.	RENDEMENT par kilog. de charbon brut en	
		DÉSIGNATION	TENEUR en cendres 0/0	de grille.	de chauffe.		eau à 0° vaporisée à 5 k. de pression.	calories.
				kil.	kil.	kil.	kil.	
23 bis	1 ord. à bouill. 1 Galloway	Tout Venant mélange	11,8	79,9	2,84	19,78	6,735	4.410
29 bis	1 semi-tub. 1 Weyher Rd.	Tout Venant mélange	15,3	75,2	1,61	10,27	6,736	4.410
32 bis	2 sémi-tubulaires	Tout Venant mélange	16,3	40,8	0,95	6,83	7,113	5.565
32 bis	1 semi-tubulaire.........	Tout Venant.......	16.5	66,	1,45	10,45	7,113	5.575
41	3 semi-tubulaires	grains lavés........	19,4	72,	1,63	11,87	7,206	4.718
50 bis	2 foyers intr 1 ord. à bouill.	Tout Venant mélange	16,8	73,8	2,13	15,37	6,773	5.330
65	1 à foyer int. type marine.	Tout Venant mélange	25,4	83.3	1,75	7,43	4,156	2.721
82	semi-tubulaire	Tout Venant melange	18,	27,	1,08	6,54	6,072	3.884
87 bis	2 ordinaires à bouilleur..	Tout Venant........	17,6	59,6	1,84	10,63	5,668	4.505
187 bis	d°	d°	18,2	112,8	2,96	15,05	5,480	4.360
87 bis	d°	d°	18 6	102,	2,89	15,43	5,508	4.507
92 bis	2 foyers intérieurs.......	grains lavés........	11,2	81,8	2,77	18,73	6,601	4.809
109	1 semi-tubul de 260 m³ chauffée à la pelle......	Tout Venant........	23,7	86,5	1,83	12,03	6,459	4.236
110	1 semi-tubul. de 260 m³ munie d'un charg. autom.	Tout Venant........	22,5	100,9	1,79	11,51	6,340	4.164

rapides et peu coûteuses et qui permettront, dans les deux cas, d'obtenir un rendement convenable de combustible brûlé.

Essais 109 et 110. — Ces essais, effectués sur deux chaudières identiques en tous points sauf pour le foyer qui, pour l'une était du type ordinaire à chargement à la pelle, pour l'autre automatique à chargement par projection, avaient pour but de comparer leur rendement. D'après les chiffres portés au tableau, il résulte que les rendements sont sensiblement égaux (0,9 °/₀ en faveur du chauffage à la pelle) L'économie réalisée par l'industriel ne pouvait donc porter que sur la main d'œuvre, qui pouvait être diminuée.

Tous nos autres essais ont été effectués durant un laps de temps plus ou moins long, mais tous dans une même journée. Nous en donnons les résultats dans le tableau n° 12. Nous passerons rapidement en revue ceux pour lesquels les résultats obtenus sont susceptibles d'être améliorés en en indiquant les moyens.

Essais 9, 11, 13, 23, 23b, 29, 29b, 50, 58, 58b, 83, 87, 88, 89, 128. — La faiblesse du chiffre de la vaporisation obtenue au cours de ces essais est due en tout ou en partie, à l'absence de réchauffage de l'eau d'alimentation, et à l'évacuation, à la cheminée, de gaz à température trop élevée.

TABLEAU N° 12

ESSAIS DE VAPORISATION (EN MARCHE)

N° des ESSAIS.	DÉSIGNATION DES CHAUDIÈRES.	COMBUSTIBLES.		POIDS DE CHARBON BRULÉ par heure et par mètre carré de surface		POIDS D'EAU vaporisée par heure et mètre carré de surface de chauffe.	RENDEMENT par kilog. de charbon brut en	
		DÉSIGNATION.	TENEUR en cendres. 0/0	de grille.	de chauffe.		eau à 0° vaporisée à 5 k. de pression.	calories.
				kil.	kil.	kil.	kil.	
9	1 ordinaire à bouilleur...	Tout Ven Newcastle.	13,5	50,3	1,31	8,82	6.585	4.311
11	2 semi-tubulaires........	d°	11,8	47,4	1,48	9,02	5,981	3.918
13	1 semi-tubulaire.........	d°	11,2	61,1	1,21	9,17	7,465	4.887
23	1 ord. à bouill. 1 Galloway	Tout Venant mélangé	11,2	71,3	2,53	18,85	7,197	4.712
29	1 semi-tub. 1 Weyher Rd.	d°	15,3	65,2	1,40	10,04	7,107	4.652
32	2 semi-tubulaires........	Tout Venant.......	16,3	38,8	0,90	6,73	7,354	4.815
40	3 semi-tubulaires........	Grains lavés.......	19,4	65,9	1,49	11,212	7,441	4.872
50	2 foy. interr, 1 ord. à bouill.	Tout Venant mélangé	16,8	78,1	2,20	16,61	6,931	5.456
58	2 Babcock et Wilcox.....	Tout Venant Cardiff.	16,1	74,5	1,34	9,08	6,753	4.422
58 bis	1 Niclausse.............	d°	17,1	132,1	2,36	12.47	5,293	3.467
83	2 ordinaires à bouilleur..	Briquettes.........	14,7	66,5	2,55	15,50	6,027	3.943
87	d°	Tout Venant.......	17,6	61,3	1,62	9,57	5,793	4.597
88	d°	d°	18,2	110,0	2,93	17,07	5,678	4.544
89	d°	d°	18,5	98,7	2,31	15,12	5,710	4.514
92	2 à foyers intérieurs.....	Grains lavés.......	11,2	76,4	2,58	18,29	6,906	4.522
94	1 à foyer intérieur.......	d°	10,9	89,9	2,88	20,73	6,898	4.517
113	1 semi-tubulaire.........	Tout Venant Cardiff.	26,8	82,0	1,89	12,41	6,502	4.257
114	d°	d°	21,1	88,0	2,03	14,66	7,156	4.685
115	d°	d°	26,1	36,0	0,83	6,25	7,464	4.887
125	4 à foyers intérieurs.....	Houille, bois et coke.	19,2	Bois..121 Coke.. Houil. }77	3,63 2,75	»	4,319	2.842
126	d°	d°	18,3	Bois..180 Coke.. Houil. }76	3,91 1,94	»	4,123	2.713
128	1 à foyer intérieur.......	Tout Venant 3/4 gras	14,6	63,1	1,99	13,55	6,145	4.024
131	2 semi-tub. foyer soufflet.	Tout Venant gras...	14,8	52,3	1,36	10,60	7,716	5.092
131 bis	2 semi-tub. tirage naturel.	d°	14,4	51,5	1,34	10,64	7,807	5.112
138	2 semi-tubulaires........	Bois...............	»	98,6	2,08	5,63	2,690	1.759

Essais 92. — L'examen du chiffre de vaporisation de cet essai fait ressortir la médiocrité du chiffre de la vaporisation. Bien que les gaz de la combustion soient utilisés pour réchauffer l'eau d'alimentation, leur température à l'entrée dans la cheminée est cependant encore élevée. La cause est due à l'état défectueux des surfaces d'échange du réchauffeur. Il est en effet de la plus haute importance, si l'on veut obtenir d'un réchauffeur d'eau, quel qu'il soit, le meilleur rendement, de le tenir en parfait état d'entretien. Pour l'extérieur, le ramonage, dans le système Green, qui est le plus répandu, se fait au moyen de raclettes : veiller à ce que celles-ci soient en bon état et en marche continuellement, condition pour que leur détérioration ne soit

pas trop rapide. Pour l'intérieur : le détartrage devra être fait à intervalles suffisamment rapprochés. Une bonne précaution est de vérifier annuellement l'état d'un tube par élément. Le résultat de cet examen permettra de fixer l'intervalle raisonnable que l'on pourra ménager entre deux nettoyages sans que le rendement de l'appareil n'en soit affecté.

Essais 58 et 58 b. — La cause de la faiblesse du chiffre de la vaporisation obtenue a déjà été indiquée : l'absence de réchauffage de l'eau servant à l'alimentation des chaudières et la température assez élevée des gaz évacués à la cheminée. Cette température élevée des gaz est supérieure à celle que normalement on aurait dû obtenir avec ce genre de chaudières (multitubulaire Babcock et Wilcox) eu égard à l'allure des feux. Le mauvais état des chicanes en était la cause. Les avaries qui peuvent se produire à ces organes que l'on rencontre dans toutes les chaudières multitubulaires, ne sont pas toujours faciles à déceler Elles ont cependant une grande influence sur le rendement des chaudières multitubulaires. Il comporte donc que lors de nos visites les faisceaux tubulaires soient très bien nettoyés, afin de permettre à nos agents de signaler ce genre d'avaries pour qu'il y soit porté remède sans retard.

Essais 50, 83, 87 et 89. — La faiblesse du chiffre de la vaporisation, dont l'une des causes a été précédemment indiquée, est donc due au type de chaudières en expérience, qui ne contraint pas la totalité des gaz à se trouver en contact avec les surfaces d'échanges.

Essais 23 et 23 b. — La comparaison des chiffres obtenus pour la vaporisation par ces deux essais fait apparaître un boni de 6,4 %, pour l'essai en marche sur l'essai de 24 heures. Cet écart est un peu élevé, il est dû à la fermeture incomplète du registre pendant l'arrêt résultant d'un état défectueux de celui-ci et aussi d'une insuffisance de calorifugeage. Ces pertes par refroidissement sont ordinairement decelées sans aucun essai par la chute de pression qui se produit durant la nuit ce qui est anormal, le contraire se produisant souvent. Il est facile de faire disparaître ces pertes, en portant remède aux défectuosités qui en sont causes et que nous avons signalées, auxquelles peuvent venir s'ajouter une inétanchéité trop grande des valves de prise de vapeur.

Essais 131 et 131 b. — La comparaison des chiffres de vaporisation obtenus dans ces deux essais effectués sur les mêmes chaudières, semi-tubulaires, fonctionnant avec foyer ordinaire à tirage naturel (essai 131 b) et foyer soufflé (essai 131) le combustible brûlé, étant le même pour les deux essais, confirme les résultats antérieurement obtenus et qui montrent que l'emploi de la soufflerie n'est susceptible de faire réaliser des économies que parce qu'elle permet l'emploi de combustibles maigres, de prix inférieur, et dont la combustion ne peut être obtenue par le tirage naturel.

Essais 113, 114, 115. — Les chiffres obtenus pour la vaporisation, essais 114 et 115, sont assez satisfaisants, étant donné la teneur en cendres du combustible. Le chiffre de vaporisation obtenu lors de l'essai 113 est bien inférieur à celui trouvé lors de l'essai 115; c'est le contraire qui logiquement aurait dû se produire. La faiblesse du chiffre obtenu, lors de l'essai 113, est due uniquement à l'inexpérience du chauffeur, dont la technique redressée portera ses fruits les jours suivants.

Essai 138. — La faiblesse du chiffre de vaporisation obtenu lors de cet essai, le bois étant exclusivement utilisé comme combustible, est due: à l'humidité du bois, à la faible quantite brûlée par m² de grille, à la faible capacité du foyer, enfin à la proximité des tubes à fumée du foyer et à leur faible section d'où résultait une extinction prématurée des gaz.

Essais 116 et 117. — Peuvent donner une idée de la vaporisation que l'on peut obtenir avec des chaudières à foyers intérieurs, par conséquent à capacité de foyer très réduite, par l'emploi comme combustible: de bois, coke et houille.

Essais simples de machines.

Nous avons effectué au cours de l'année 1919 des essais simples sur 117 machines fonctionnant dans 100 établissements différents et qui développaient une puissance totale de 23.500 chevaux. Le 1/7me seulement des machines que possèdent nos adhérents.

Les 117 machines ainsi vérifiées peuvent, suivant leurs types, se ranger comme suit :

69	Horizontales à obturateurs,	développant ensemble..	13.319 HP
14	— à pistons valves	— ..	4.875
11	— à soupapes	— ..	1.170
10	— à tiroirs	— ..	755
3	— à échappement central	— ..	1.303
7	Verticales à balancier	— ..	1.272
3	— diverses	— ..	806

Les défauts trouvés au cours de ces essais, soit provenant du réglage, soit résidant dans l'inétanchéité des organes de distribution, des segments de pistons, etc., vous sont connus et ont été exposés dans nos précédents rapports. Ce sur quoi je veux appeler votre attention c'est le nombre de machines que nous avons trouvées en mauvais état et dont la consommation déterminée par la suite, fut trouvée, pour certaines, en augmentation de 30 °/₀ sur le chiffre obtenu lors des essais de réception ou garanti par le constructeur. Quarante et une machines, développant ensemble une puissance de 7.556 chevaux, furent trouvées dans l'état précité, ce qui représente 35 °/₀ du nombre des machines sur lesquelles nous avons fait des essais simples. Or, la plupart de ces essais nous furent demandés par des industriels désireux d'être fixés sur la valeur de leur installation de force motrice, sans qu'ils y aient été incités par la constatation d'une dépense anormale de combustible. La consommation de combustible étant, il est vrai, actuellement, pour les installations en bon état, presque toujours supérieure à celle de 1914, étant donné la qualité des charbons utilisés que le moins qu'on puisse leur reprocher c'est de ne pas être approprié aux installations dans lesquelles ils sont employés. Quoiqu'il en soit on peut admettre que parmi les industriels qui ne nous ont pas demandé d'essais, il y en a au moins autant dont les machines atteignent une consommation plus élevée qu'elle ne devrait l'être, et que leur remise en état procurerait une économie qui ne serait pas inférieure à 15 °/₀. Comme la puissance développée par ces machines peut-être évaluée à environ 55.000 chevaux, on voit l'économie qui serait réalisable par la remise en état de ces machines ou même leur remplacement lorsque l'on a affaire à une machine de construction tout à fait désuète. Le chiffre des machines trouvées en mauvais état ne saurait nous étonner, car depuis 1914 il fut très difficile d'obtenir la fourniture de pièces de rechanges pour machines à vapeur et les ouvriers spécialistes pour procéder à ces remplacements. Maintenant il n'en est plus ainsi et nous espérons que le présent appel sera entendu et que la révision complète de toutes les machines sera entreprise, et, pour celles dont la consommation élevée est inhérente au type même de la machine, qu'une étude sera entreprise en prévision de leur remplacement.

Si, comme je viens de vous l'exposer, du fait du mauvais état d'un grand nombre de machines, la force motrice était produite de façon beaucoup plus onéreuse qu'elle ne pourrait l'être, il s'en faut de beaucoup que cette force motrice soit bien utilisée ou serve utilement à l'entraînement d'outils producteurs. Une fraction beaucoup trop élevée de cette puissance est absorbée par les transmissions,

Dans 18 établissements nous avons eu à déterminer l'emploi de la puissance développée par la machine. La puissance produisant un travail utile fut de 84 °/₀ dans 6 établissements, 73 °/₀ dans 5 autres, 57 °/₀ dans 2 autres et dans les 5 autres elle oscille entre 47 et 37 °/₀. Ne croyez pas que ce chiffre a trait à une machine de faible puissance, il s'agit d'une machine développant 172 chevaux. A quoi donc attribuer cette puissance absorbée en pure perte ; en premier lieu : au manque d'étude d'ensemble lors de leur établissement, ce qui amena à les multiplier à l'envie, ultérieurement à des additions qui furent faites sans se soucier des puissances à transmettre dans le choix des arbres, enfin à leur manque d'entretien, de vérification du nivellement des arbres, qui était fort défectueux et à la mauvaise lubrification des paliers, opérée, par mesure d'économie, tout à fait apparente, avec des huiles de rebut,

Il est donc indispensable que les transmissions soient bien entretenues, que leur nivellement soit vérifié assez souvent et que leur lubrification soit faite avec des huiles appropriées.

Essais de moteurs à Gaz.

Nous avons été appelés cette année à faire un essai, sur un moteur à gaz pauvre. Cet essai avait pour objet la vérification de la puissance maximum qu'il pouvait développer. Celle ci fut trouvée, ainsi que cela nous est arrivé lors d'essais antérieurement faits, notablement inférieure à celle prévue au marché, puissance qui était insuffisante pour assurer, à pleine charge, la marche de l'établissement. Nous ne saurions trop rappeler aux industriels qui étudient le remplacement de leur machine à vapeur par des moteurs à explosion qui, pour de faibles puissances, sont souvent plus économiques que les premières, de prendre pour la puissance moyenne du moteur à commander, non pas la puissance moyenne relevée sur la machine à vapeur, mais la puissance maximum qu'elle est appelée à développer, Ceci est absolument nécessaire étant donné le manque de souplesse de ces moteurs : on obtiendra ainsi du moteur, une marche convenable et sans risque d'arrêt, et on évitera les avaries prématurées.

Essais de consommation de machines

Les essais de consommation des machines ont été au nombre de 37, concernant 19 machines alternatives distinctes et 2 turbines. 11 de ces essais faits sur une machine et deux turbines ont eu pour but de vérifier si la consommation était bien celle indiquée dans le marché. Pour ces machines motrices construites ou livrées pendant la guerre, il ne s'agissait pas à proprement parler d'essais de réception. Néanmoins, les acheteurs désiraient faire déterminer exactement la consommation de ces machines pour évaluer le prix de revient du cheval et du kw et éventuellement les comparer à celui qu'ils pouvaient espérer obtenir en tablant sur les garanties données et si elles étaient par trop dépassées, tâcher d'obtenir de leur constructeur la mise au point de la machine.

Les 26 autres essais concernant 17 machines en marche depuis déjà un certain temps ont eu pour but principal d'évaluer leur consommation en vue d'entreprendre, si le chiffre trouvé était supérieur à celui obtenu lors des essais de réception ou simplement garanti, leur remise

TABLEAU N° 13

ESSAIS DE CONSOMMATION (24 HEURES)

N°s des ESSAIS	DÉSIGNATION DES MACHINES	Travail moyen développé	Détente apparente	Pression moyenne aux chaudières	Consommation par cheval-heure en kilog. de vapeur
		chev.		kilog.	kilog.
23 bis	Horiz. compound à obturateurs	273,15	1/8,4	6,17	8,193
29 bis	Horiz. compound d°	184,	1/20,40	6,67	9,345
32 bis	Horiz. compound d°	350,98	1/14,2	7,74	7,602
32 bis	Horiz. compound d°	314,74	1/18,1	8,025	7,628
41	Horiz. compound d°	1.111,53	0,087	6,45	8,016
65	Verticale double à tiroirs échappem[t] libre.	5,92	5/5 détente	6,80	62,687
82	Horiz. monocyl. à tiroirs	7,62	d°	4,50	24,970
88 bis	Verticale à balancier....................	58,870	1/5,25	3,90	13,875
93 bis	2 Verticales à balancier et détente.......	475,81	1/11,4	5,83	8,742
93 bis	Horiz. monocyl. à obturateur............	198,54	1/4,8	5,33	11,069

en état ou même d'envisager leur remplacement lorsqu'il s'agissait de machines de type désuet ou encore leur suppression totale et leur remplacement par des machines électriques recevant leur énergie du secteur.

Dix de ces essais ont été effectués d'après les anciennes méthodes de l'Association, c'est-à-dire sur une période de 24 heures, tenant ainsi compte de la consommation de vapeur due aux réchauffages effectués au moment des remises en route. Elle donne la consommation des machines en marche industrielle. Comme les résultats de ces essais sont seuls comparables à ceux inscrits dans nos bulletins antérieurs à 1903, nous les consignons séparément dans le tableau n° 13.

Les 26 autres essais ont été effectués conformément à la méthode adoptée par l'Association depuis 1903, c'est-à-dire la machine prise et laissée en marche et les calories récupérablesdéduites de la consommation. Les résultats ainsi trouvés étant obtenus dans les conditions mêmes ou seraient faits les essais de réception de machines neuves, ils peuvent être comparés aux consommations de machines neuves dans les études pour installation de nouveaux moteurs. Les dits résultats sont consignés dans le tableau n° 14.

Tableau n° 14

Essais de Consommation (en marche)

N^os^ des essais	Désignation des machines	Travail moyen développé	Détente apparente	Pression moyenne aux chaudières	Consommation par cheval-heure en kilog^r^ de vapeur	Consommation par cheval-heure en calories
		chev.		kilog.	kilog.	cal.
9	Horiz. monocyl. à tiroirs	79,81	0,065	4,73	9.134	5.870
11	Horiz monocyl. à tiroirs	107,24	0,590	5,23	15,129	9.744
13	Horiz. monocyl. à tiroirs	71,61	0,015	5,30	10,540	6.801
23	Horiz. compound à obturateurs	275,42	1/8,4	6,19	7,447	4.720
29 bis	Horiz. compound à obturateurs	184,00	1/20,40	6,83	8,938	5.630
32	Horiz. compound à obturateurs	371,75	1/14,2	7,85	7,403	4.610
40	2 Horiz. compound à obturateurs	1106,83	0,067	6,50	7.613	4.650
58	Horiz. compound à pistons valves	674,52	1/14,2	10,64	6,269	4.032
88	Verticale à balancier	60,386	1/5,25	4,07	13,549	4.950
93	2 Verticales à balancier à détente	479,93	1/11,4	5,89	8,460	5.099
95	Horiz. monocyl. à obturateurs	199,46	1/4,8	5,32	10,608	6.400
113	Horiz. compound à pistons valves	335,91	1/22	7,50	7,750	5.211
114	Horiz. monocyl. à obturateurs	281,65	1/2,75	7,05	11,500	7.564
115	Horiz. monocyl à obturateurs	100,67	1/18	7,40	8,100	5.315
116	Horiz. monocyl. Equicourant	614,00	1/7,9	10.45	6,920	4.588
117	Horiz. monocyl. Equicourant	626,00	1/7,6	10,60	6,813	4.518
132	Horiz. monocyl. à obturateurs	288,00	1/6,05	7,93	8.442	5.182
136	Horiz. monocyl. à obturateurs	259,00	1/13,7	7,58	8,058	5.011
»	Turbine N° 2 pleine charge	2185 effect	»	11,65	5,913	4.109
»	Turbine N° 2 surcharge 25 0/0	2642 effect	»	12,15	6,056	4.122
»	Turbine N° 2 charge 2/3	169 effect	»	11,00	6,445	4.407
»	Turbine N° 2 charge 1/3	888 effect	»	11,90	7,937	5.457
»	Turbine N° 2 faible charge	287 effect	»	6,50	14,372	9.816
»	Turbine N° 1 pleine charge	1432 effect	»	10,92	7,595	5.229
»	Turbine N° 1 2/3 de charge	1142 effect	»	11,40	7,536	5.209
»	Turbine N° 1 1/3 de charge	629 effect	»	8,75	9,299	6.354
»	Turbine N° 1 faible charge	301 effect	»	8,50	13,355	9.086

Essais sur machines alternatives neuves

Les essais N°s 116 et 117 ont été faits sur machine alternative. Le chiffre de consommation obtenu a dépassé notablement celui inscrit dans le marché. Mais nous ne doutons pas que par la révision que ne saurait se dispenser de faire de la machine, celle-ci n'arrive à ne consommer que le chiffre de vapeur garanti. Car, si les constructeurs sérieux du temps de guerre n'ayant pu choisir leurs matériaux, n'ont pas pu garantir les rendements des appareils livrés comme en temps de paix, le souci de maintenir leur réputation les conduit à faire tous leurs efforts par des retouches nécessaires, pour satisfaire à l'obligation morale qu'ils se sont imposée en indiquant des chiffres de consommation. Les essais de réception destinés à vérifier les promesses faites ont donc tout autant leur utilité que les vérifications de marché avec pénalités, ainsi qu'ils étaient prévus avant guerre, et nous ne saurions trop recommander à nos adhérents qui se trouvent dans ce cas à nous faire entreprendre ces vérifications ; ils y trouveront profit et sécurité.

Essais de Turbines neuves.

Les résultats des essais effectués sur turbines auraient eu un intérêt d'ordre général, surtout ceux concernant la turbine développant à pleine charge 1.400 ch. effectifs. Cette puissance se rapproche en effet de celle nécessaire pour actionner un nombre déjà appréciable d'usines de notre région. Malheureusement, on ne put effectuer les essais dans les conditions requises à cause du vide qui fut insuffisant : 63 cm 5, 61.05, 61.05, représentant 82.7, 79, 79.4 et 80 °/₀ du vide absolu, alors que le système de condenseur par surface employé devrait permettre d'obtenir 94.5 °/₀ du vide absolu. La faiblesse du vide est due à l'insuffisance de la quantité d'eau dont on disposait pour la condensation. Les condenseurs par surface exigent, en effet, une quantité d'eau beaucoup plus grande que les condenseurs par mélange généralement employés. Mais, néanmoins, dans le cas d'une turbine le condenseur par surfece est préférable, car la vapeur s'échappant des turbines n'étant souillée d'aucune particule graisseuse : l'eau recueillie peut être directement réemployée pour l'alimentation des chaudières ; il en résulte pour ces dernières un entartrement moindre, ce qui est très appréciable.

Essais sur Machines *anciennes*.

Parmi les essais effectués sur des machines fonctionnant déjà depuis un certain temps, nous signalerons d'une part les essais 9, 11, 13, 23, 50 et 50 *bis*, 88, 93 et 95 et d'autre part *les essais 29 et 29 bis — 113, 114* et 115. Les chiffres trouvés pour la consommation des machines ayant trait aux essais du premier groupe est très élevé comparé à celui que l'on peut obtenir avec des machines modernes, la vétusté des machines et leur multiplicité (essais n° 9, 11, 13, 50 et 50 *bis*), ou la vétusté seule (essais n° 23, 88, 93 et 95) permettent d'envisager la possibilité de réaliser dans chaque établissement des *économies de combustibles* variant de 40 à 60 °/₀. par le remplacement des multiples machines par une machine unique et moderne et la commande électrique des machines-outils ou le remplacement seul de la machine actuelle par *une machine moderne. Pour les machines* du deuxième groupe, de construction moderne, dont la consommation est élevée quoique moindre que pour *les précédentes : 15 à 20 °/₀ supérieure à la normale,* une remise en état suffira pour réaliser cette économie.

Quant aux autres bien qu'intéressants pour les industriels chez lesquels ils furent effectués ils ne présentent pas un intérêt suffisamment général pour faire l'objet d'un examen spécial.

Essais de consommation sur divers appareils à vapeur.

En outre d'essais de consommation en vapeur de bacs de capacité et d'usages divers, de presses chauffées pour aplatissage de cornes, de marteaux pilons nous avons déterminé celle d'une pompe Worthington. La dépense horaire a été trouvée égale à 111 k. 428 de vapeur par cheval-heure. Ce n'est certes pas la première fois que nous signalons la consommation énorme de ces pompes, très intéressantes comme appareils de secours mais qu'il y a avantage à remplacer pour la marche normale par des pompes mues par la transmission ou électriquement.

Recherches diverses

Le contrôle de l'utilisation des combustibles et de la vapeur nous a amené à faire des essais et études qui ne rentrent pas dans les travaux analysés précédemment et que je me contenterai d'énumérer :

Examen critique d'installations en vue de la recherche des économies de toute nature.

Relevés de dépressions à la base des cheminées et dans les carnaux.

Relevés de températures des gaz.

Analyses de gaz.

Recherche des causes de mauvais tirage.

Examen de foyers spéciaux. Plans d'installation.

Relevés de puissance en vue de l'électrification des ateliers, ou l'établissement de prix de revient.

Examen du nivellement d'une transmission, en vue de diminuer la force absorbée.

Analyses de charbons et détermination des pouvoirs calorifique.

Analyses d'eaux d'alimentation.

IV. — TRAVAUX DIVERS

Sous cette rubrique, j'ai à vous rendre compte des travaux qui n'ont pas pour but absolument immédiat une économie de combustible, mais qui cependant ont trait le plus souvent aux installations de force motrice. La simple énumération de ces travaux vous donnera une idée de la variété des travaux qui nous ont été demandés :

Etudes relatives aux conditions d'installation de chaudières et cheminées — réchauffeurs.

Plans de maçonnerie pour chaudières à vapeur.

Examens de marchés de chaudières.

Surveillance de chaudières en construction ou en réparation.

Examen de plans de tuyauteries.

Examen de massifs et carnaux de chaudières après construction ou avant réparation.

Evaluation de la puissance de chutes d'eau.

Examen d'une turbine hydraulique.

Essais de consommation de moteurs à gaz pauvre.

Etude de fonctionnement d'une usine d'incinération.

Evaluation de stocks de combustible.

Plombage de machines à imprimer, et contrôle du plombage.

Correspondance avec l'Administration des Mines.

Enfin, consultations verbales en grand nombre sur toutes les questions de notre compétence.

J'ai achevé, Messieurs, le compte rendu que j'avais mission de vous faire des travaux exécutés par l'Association au cours de son quarante-sixième exercice. Je suis sûr que vous voudrez vous joindre à moi pour féliciter nos Ingénieurs et Inspecteurs de s'être si vite remis au travail, au fur et à mesure de la démobilisation et remercier en général tout le personnel pour le zèle et l'activité déployés pendant cet exercice. Je vous remercie, Messieurs, et particulièrement les membres du Conseil d'administration, pour le bienveillant appui que vous m'avez toujours témoigné ; j'espère, grâce à lui, pouvoir mener à bien la tâche que vous m'avez confiée et maintenir l'Association à la hauteur de sa mission.

Louis CAUCHOIS.

DOCUMENTS ADMINISTRATIFS

CIRCULAIRE MINISTÉRIELLE DU 22 MARS 1919

concernant les réépreuves de chaudières à vapeur avec surtimbrage.

Le Ministre de la Reconstitution Industrielle
à Monsieur le Préfet de

La question s'est posée de savoir si les règlements en vigueur sur l'emploi des appareils à vapeur autorisent l'exécution d'épreuves hydrauliques pour un timbre supérieur au timbre primitivement fixé par le constructeur et la constatation de leur succès par le poinçonnage d'une nouvelle médaille.

En droit, cette question doit être résolue par l'affirmative. Le décret du 9 octobre 1907, comme ceux qui l'ont précédé, s'est volontairement tenu au principe de non-intervention en matière de détermination de règles techniques, de construction des appareils; n'ayant donné aucune formule de correspondance entre la valeur du timbre et des règles techniques de construction, le décret de 1907 doit donc être interprété comme laissant au demandeur de l'épreuve, sous sa responsabilité, le libre choix de la valeur du timbre, et ce, aussi bien pour une réépreuve d'appareil ayant déjà servi, que pour une épreuve d'appareil neuf.

Mais tout licite qu'il soit, un changement de timbre est de nature à éveiller la crainte que la constitution technique ou l'état de conservation de l'appareil, bien que lui permettant de résister à la pression hydraulique de l'épreuve, ne corresponde plus convenablement pour le service à chaud à la nouvelle pression de marche. Il est donc nécessaire de prendre à son égard toutes les précautions que permet notre régime réglementaire.

Tout d'abord il doit bien être entendu que, l'élévation du timbre constituant un des changements notables prévus à l'article 4, l'épreuve doit être faite, comme celle d'un appareil neuf, avec mise à nu complète et surcharge maxima.

D'autre part, elle doit donner lieu à un examen tout spécialement attentif de la constitution et de l'état de l'appareil, sur lequel l'attention du service aura ensuite à se porter d'une manière particulière en vue de l'application, le cas échéant, des mesures prévues par l'article 3 du décret au regard des appareils dont il y a lieu de suspecter la solidité.

Ces diverses prescriptions et recommandations s'appliquent au cas d'appareils d'occasion présentés à l'épreuve sans indications certaines sur le timbre antérieur.

L'une ou l'autre circonstance (élévation du timbre ou incertitude sur le timbre antérieur) devra toujours être mentionnée explicitement en observation sur le procès-verbal de l'épreuve.

Je vous prie de m'accuser réception de la présente circulaire, dont j'envoie directement ampliation aux Ingénieurs des Mines.

LOUCHEUR.

CIRCULAIRE MINISTÉRIELLE DU 22 MAI 1919

envoyant aux Préfets le modèle du poinçon des Associations

Le Ministre de la Reconstitution industrielle
à Monsieur le Préfet de

Je vous ai adressé, le 24 mars 1919, une circulaire relative à l'application du décret du 23 février 1919, qui admet les délégués des associations de propriétaires à procéder dans certains cas aux épreuves hydrauliques des appareils à vapeur.

Pour que ce décret puisse être mis en application, il me reste à vous faire connaître le modèle du poinçon que les Associations devront employer.

Vous trouverez ci-dessous le modèle agrandi du poinçon représentant la tête de Denis Papin qui m'a été soumis par les Associations et que j'ai approuvé.

Pour le Ministre de la Reconstitution industrielle
et par ordre :

Le Directeur des Mines,
Defline.

CIRCULAIRE MINISTÉRIELLE DU 7 AOUT 1919

relative aux dérogations à l'article 16 du décret du 9 octobre 1907.

Le Ministre de la Reconstitution Industrielle
à Monsieur l'Ingénieur en Chef des Mines à

Paris, le 7 août 1919.

Le décret du 9 octobre 1907, portant règlement pour les appareils à vapeur, édicte au deuxième alinéa de l'article 16, des mesures spéciales pour les portes de foyers et de cendriers des chaudières à tubes d'eau et des surchauffeurs.

La question s'est posée de savoir si ces prescriptions sont applicables, non seulement aux chaudières dont le foyer est chargé à la main, mais aussi aux chaudières pourvues de foyers à chargement automatique du combustible.

L'affirmative n'est pas douteuse : le texte du décret ne fait aucune distinction à cet égard et l'intention du rédacteur sur ce point résulte nettement des délibérations de la commission centrale des machines à vapeur lors de la préparation du règlement.

Toutefois, l'application de ces prescriptions aux chaudières à chargement automatique a rencontré certaines difficultés d'ordre technique, en présence desquelles il a été accordé, dans certains cas, des dérogations en vertu de l'article 38 du décret.

Au cours des dernières années, les installations de chaudières à tube d'eau et à chargement automatique du foyer se sont multipliées sans que les industriels se soient toujours rendu compte de la nécessité d'obtenir des dispenses, mais il leur semblait impossible de se conformer strictement aux dispositions du deuxième alinéa de l'article 16.

Sans méconnaître les difficultés en question, il me paraît nécessaire, en présence de divers accidents, que le Service des Mines rappelle aux intéressés qu'en principe, l'article 16 s'applique à toutes les chaudières et que, si des dérogations peuvent être admises, ce n'est que sous la forme de dispenses régulièrement accordées.

Dans l'examen des demandes, le Service des Mines aura soin d'examiner, dans chaque cas, s'il n'y a pas lieu de subordonner la dérogation éventuelle à la condition de certaines dispositions des appareils ou de la chaufferie procurant des garanties de sécurité capables de compenser l'absence des dispositions prévues par le règlement.

Le Ministre de la Reconstitution Industrielle,

Par ordre :

Le Directeur des Mines,

DEFLINE.

CIRCULAIRE MINISTÉRIELLE DU 3 OCTOBRE 1919

concernant la construction des organes de fermeture des récipients et les précautions à prendre dans leur usage.

Le Ministre
à M. le Préfet du département de

L'attention de l'Administration a été rappelée sur les dangers que présentent les récipients de vapeur à couvercle ou fond amovible, dont le couvercle est maintenu par une couronne de boulons articulés. Ces récipients se sont depuis longtemps montrés sujets à un genre spécial d'accident, consistant dans le départ inopiné du couvercle, les boulons lâchant prise par rupture ou par renversement, en même temps que le couvercle se déforme ou se brise.

Bien que la publication des statistiques d'accidents et de plusieurs études techniques sur ce sujet ait signalé cette cause particulière de danger, les constructeurs et les industriels ne paraissent pas, jusqu'à présent, avoir été suffisamment avertis de ce risque et des mesures nécessaires pour l'éviter. La question a d'autant plus d'importance que l'emploi se répand, dans certaines industries, de récipients de grandes dimensions et à timbre élevé, munis de ce genre de fermeture.

La statistique des accidents d'appareils à vapeur relative à l'année 1913 mentionne deux accidents de l'espèce qui ont affecté des étuves à cuire les briques, l'une de 1 m. 75 de diamètre et 27 mètres cubes de capacité timbrée à 9 kilogrammes, l'autre de 2 mètres de diamètre et 33 mètres cubes timbrée à 8 kilogrammes. La projection violente du fond amovible de cette dernière survenue, le 12 juillet 1913, dans une briqueterie sise à Châtenay (Seine), n'a pas fait moins de 16 victimes, dont 7 morts.

Il est donc nécessaire que le Service des Mines, au cours de sa mission de surveillance, attire l'attention de l'industrie sur les précautions essentielles suivantes :

1° Le couvercle doit être constitué de manière à présenter toute garantie de stabilité dans sa forme, malgré les efforts de gauchissement auxquelles son pourtour est soumis du fait que les boulons agissent inévitablement en porte-à-faux par rapport à la circonférence du joint. Tout en s'efforçant de réduire ce porte-à-faux le plus possible, le constructeur doit donner au couvercle, dans sa partie périphérique, tant par le choix de la matière que par la robustesse du profil une parfaite résistance aux efforts de flexion. En particulier, pour ce qui touche le choix de la matière, la fonte de fer doit être exclue comme impropre à résister avec sécurité à ce genre d'efforts ;

2° Le nombre de boulons et leurs dimensions doivent être calculés de manière qu'ils n'aient à supporter chacun qu'une charge modérée, remarque étant faite que cette charge ne résulte pas seulement de la pression de la vapeur sur le couvercle, mais qu'il est essentiel de tenir compte, dans son évaluation, des effets du serrage initial et du fait que ce serrage n'est pratiquement jamais identique pour tous les boulons ;

3° Il y a lieu de tenir compte aussi, dans le calcul du nombre des boulons, de ce qu'ils doivent être suffisamment rapprochés pour que l'étanchéité du joint soit facile à obtenir et suffisamment nombreux pour que, si l'un d'eux vient accidentellement à manquer, la charge reportée sur ses voisins ne risque pas d'être excessive ;

4° Le filetage ne doit pas être à trop petit pas, ce qui exposerait le boulon à une tension excessive du fait du serrage initial ;

5° Des dispositions spéciales doivent être prises pour que, l'assemblage une fois fait, il soit impossible que les boulons se renversent vers l'extérieur par glissement des écrous sur leur surface d'appui, même dans le cas où celle-ci prendrait, par suite de déformation ou d'usure, une inclinaison vers l'extérieur. Il est nécessaire à cet effet que chaque écrou, une fois vissé à sa place, se trouve franchement engagé dans le creux d'un logement ou derrière une saillie faisant obstacle à ce mouvement de glissement ;

6° Enfin, pour prévenir tout danger lors de la manœuvre d'ouverture du couvercle en fin d'opération, il y a lieu de munir le récipient d'un dispositif permettant de s'assurer d'une manière certaine de la disparition de toute pression effective à l'intérieur de l'appareil, conformément à la circulaire du 30 Avril 1902.

Les indications qui précèdent sont relatives à la constitution des appareils. D'autre part, dans leur emploi, il doit être apporté un soin particulier à n'utiliser, pour serrer les boulons, que des clefs de longueur normale, sans rallonge. Ce serrage doit être opéré méthodiquement et aussi uniformément que possible. Conformément aux recommandations générales de la circulaire du 29 Octobre 1907, on doit éviter de le retoucher au cours du service de l'appareil.

Il convient que le service des Mines, soit lors des épreuves, soit dans les autres occasions fournies par l'exercice de la surveillance des appareils à vapeur, signale ces diverses indications aux constructeurs et aux usagers des récipients.

Les mêmes indications s'appliquent et les mêmes recommandations doivent être faites en ce qui concerne les appareils chauffés à feu nu qui présenteraient le même système de fermeture, tels que les chaudières à cuire les conserves, les appareils stérilisateurs visés ou non par la circulaire du 29 mars 1905, etc.

Je vous prie de m'accuser réception de la présente circulaire, dont j'adresserai aux Ingénieurs des Mines un nombre d'exemplaires suffisant pour être distribués, par leurs soins, aux fonctionnaires du Service de surveillance, aux directeurs des associations de propriétaires d'appareils à vapeur et aux principaux constructeurs.

Pour le ministre et par ordre :

Le Directeur des Mines,

DEFLINE.

CIRCULAIRE MINISTÉRIELLE DU 12 NOVEMBRE 1919

sur l'interprétation du titre V du 9 Octobre 1907 (groupes de récipients).

Le Ministre
à M. le Préfet du département de

Des interprétations différentes ont été données par les divers arrondissements minéralogiques au titre V du décret du 9 octobre 1907, en ce qui concerne les installations qui comportent plusieurs récipients de vapeur réunis par des tuyaux et concourant à une même opération industrielle, installations dont le type est la machine à papier.

La présente circulaire a pour objet de préciser la manière uniforme dont les dites prescriptions réglementaires doivent être appliquées.

La capacité qu'il y a lieu de prendre en considération pour l'application, tant du premier alinéa de l'art. 33 que de l'art. 37, est celle de chaque récipient pris isolément toutes les fois du moins que les tuyaux qui les réunissent sont analogues, par leur nature et leur diamètre, au tuyau d'amenée de vapeur venant des chaudières, et, *a fortiori*, lorsqu'ils sont plus petits.

Il en est de même pour la détermination du nombre de soupapes de sûreté exigible en vertu de l'article 35 ; il doit être entendu, d'ailleurs, qu'une soupape installée sur le tuyau commun d'arrivée de vapeur garantit contre les excès de pression, aux termes de cet article et à condition que ses dispositions techniques soient en elles-mêmes satisfaisantes, tous les récipients situés dans le sens de l'écoulement de la vapeur en aval de son emplacement. Les appareils ainsi disposés forment, dans ce cas, un « groupe de récipients » au point de vue de l'application de l'article 36.

Veuillez m'accuser réception de la présente circulaire, dont j'adresse directement ampliation aux Ingénieurs des Mines.

Par ordre :
Le Directeur des Mines,
DEFLINE.

ASSOCIATION NORMANDE

DES

PROPRIÉTAIRES D'APPAREILS
A VAPEUR

FONDÉE EN 1874

ASSEMBLÉE GÉNÉRALE

DU 22 AVRIL 1921

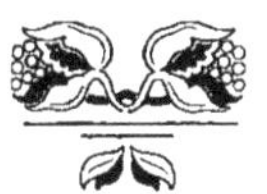

ROUEN

IMPRIMERIE GIRIEUD

58, Rue des Carmes, 58

1923

Exercice 1921

CONSEIL D'ADMINISTRATION

PRÉSIDENT HONORAIRE :

MM. **Ch Delaporte**, de la Maison Ch. Delaporte et ses Fils, Filateurs à Maromme.

PRÉSIDENT :

L. Le Picard, Administrateur-Délégué de la Filature St-Paul, à Rouen.

VICE-PRÉSIDENT :

Eug. Lavoisier ❋, Filateur à Saint-Léger-du-Bourg-Denis.

SECRÉTAIRE :

Frédéric Delaporte, de la Maison Ch. Delaporte et ses Fils, filateurs à Maromme.

TRÉSORIER :

Gaston Manchon I ✪, président du Conseil d'Administration de la Société des Etablissements Manchon, Lemaître et Cᵉ, à Bolbec.

MEMBRES :

E. Breton, Aciéries de Maromme.
Albert Monfray, Maison Monfray frères, Filateurs, à Déville-lès-Rouen.
H. Le Breton, Administrateur de la Filature d'Oissel.
H. Le Mire ❋, Administrateur-Délégué de la Soc. des Anciens Etablissements Petit, filature et tissage à Pont-Audemer.
Jules Grenier, de la Maison Prévost, Grenier frères et Cᵉ, Filateurs à Sotteville-lès-Rouen.

COMMISSAIRES RAPPORTEURS :

Marcel Bouchon, Sucrerie et Raffinerie de Nassandres.
A. Mabire, Filateur à Rouen.

PERSONNEL DE L'ASSOCIATION

Honoraire :

A. Léguillon, Inspecteur honoraire.

Actif :

Louis Cauchois ❋, Ingénieur en chef-Directeur.
R. Salvignac, Ingénieur.
A. Lesueur, Ingénieur chargé des essais de machines à vapeur.
H. Bastard, Ingénieur, chargé du service électrique.

L. Béranger, **J. Costesèque**, **L. Doneux**, **F. Dubuc**, **H. Legendre**, **R. Messier**, **J. Terrier**, — Inspecteurs.

M. Pantin, Comptable.
J. Daveine, Employé de Bureau.
Mlle **M. Bameule**, Sténo-Dactylographe

Supplémentaire :

M. **R. Feuvrais**, Commis.
Mlles **M. Bellelle**, **Z. Bisiaux**, — Sténo-Dactylographes.

ASSOCIATION NORMANDE

DES

PROPRIÉTAIRES D'APPAREILS A VAPEUR

PROCÈS-VERBAL

de l'Assemblée ordinaire du 22 Avril 1921

Présidence de M. L. LE PICARD, Président

L'an mil neuf cent vingt-et-un, le vingt-deux avril, l'Assemblée Générale de l'Association Normande des propriétaires d'Appareils à Vapeur s'est réunie à quinze heures.

Ont pris place au bureau :

MM. Le Picard, président ; Lavoisier, vice-président ; C. Manchon, trésorier ; F. Delaporte, secrétaire.

M. le Président ayant constaté au registre de présence la signature de 156 membres présents ou régulièrements représentés, ouvre la séance en donnant la parole à M. le Sécrétaire pour la lecture du procès-verbal de la précédente Assemblée qui est adopté sans observations.

M. Frédéric Delaporte rend compte au nom du Conseil d'Administration des travaux effectués au cours de l'année 1920 ainsi que de la situation financtère. Pour la première fois depuis 1884, cette situation est présentée d'une façon différente qui a paru au Conseil plus claire et plus en harmonie avec le fonctionnement actuel de l'Association.

M. le Président présente les excuses de M. Marcel Bouchon, commissaire rapporteur, qui n'a pu assister à la réunion, et demande à M. Cauchois de lire le rapport de M. Bouchon, qui approuve entièrement les modifications apportées à la présentation des comptes et en propose l'approbation.

Les comptes sont approuvés à l'unanimité et les deux rapporteurs rémerciés par M. le Président.

M. L. Cauchois, ingénieur en chef, lit son rapport technique relatif aux travaux effectués en 1920, et donne ensuite, sur la demande d'un des assistants, différents renseignements sur le charbon pulvérisé et sur la possibilité, pour les industriels de la région, d'avoir recours à ce procédé.

M. le Président le remercie, au nom de l'Assemblée, et le félicite ainsi que le personnel sous ses ordres pour le zèle apporté dans le service, et l'intérêt des travaux effectués.

Les trois membres du Conseil sortant cette année : MM. G. Manchon, A. Monfray, J. Grenier, sont à l'unanimité réélus pour trois ans.

M. Marcel Bonchon est chargé des fonctions de commissaire pour la vérification des comptes de l'exercice 1921 et M. Mabire délégué pour le suppléer en cas de besoin.

La séance est levée à seize heures.

Le Secrétaire de l'Association :
F. DELAPORTE.

Le Président de l'Association :
L. LE PICARD.

RAPPORT

PRÉSENTÉ AU NOM DU CONSEIL D'ADMINISTRATION

Par M. Frédéric DELAPORTE

Secrétaire

Messieurs,

Nous avons l'honneur de vous rendre compte des travaux de l'Association pendant l'année 1920, et de soumettre à votre approbation des comptes de l'exercice correspondant, arrêtés au 31 décembre 1920.

1° Résumé des Travaux

L'année 1920 nous a valu, défalcation faite des pertes, un accroissement de 52 adhérents, 142 chaudières et 20.000 m² de surface de chauffe, soit seulement 13 adhérents de moins qu'en 1919. Nous prévoyons pour 1921 une progression analogue, bien que les pertes semblent devoir être plus sensibles, tant à cause de l'arrêt de certaines industries de guerre que du mauvais état des affaires.

Au 31 décembre 1920, l'Association comptait 692 adhérents ; la surveillance s'exerçait sur 2.169 chaudières, d'une surface de chauffe globale de 226.500 m².

Les deux tableaux ci-annexés permettent de suivre la progression de l'Association depuis 1875, ainsi que la repartition des chaudières par département.

Les travaux extraordinaires accusent encore une progression très nette ; les nouveaux tarifs n'ont joué que sur le second semestre et néanmoins les recettes se sont élevées à 94.124 francs contre 44.824 en 1919 et 19.423 en 1918. Le service électrique n'a fonctionné régulièrement qu'en novembre, de sorte que l'augmentation provient presque toute entière des travaux extraordinaires proqrement dits. Tout comme en 1919, par suite des cours élevés des charbons, nous avons surtout fait des essais de combustibles, et contrôlé les installations en vue de réaliser des économies.

Notre service électrique est maintenant complètement organisé et doté de tous les appareils de mesure nécessaires ; une circulaire a été adressée récemment à tous les Membres de l'Association pour les en aviser. Nous espérons que, grâce à eux, ce service ne tardera guère à

Tableau N° 1.

Nombre d'Adhérents et des Chaudières depuis la fondation de la Société

DATE de L'ARRÊTÉ DE SITUATION	NOMBRE D'ADHÉRENTS	NOMBRE de CHAUDIÈRES	SURFACE de CHAUFFE	OBSERVATIONS
30 juin 1875. . . .	85	335	17.000m²	
30 juin 1880. . . .	130	602	25 350	
30 juin 1885. . .	195	653	33.880	
30 juin 1890. . . .	225	726	39.500	
30 juin 1895. . . .	308	953	58.000	
30 juin 1900. . . .	358	1.155	80.450	
31 décembre 1905 .	389	1.289	93.600	
31 décembre 1910 .	466	1.550	140.800	
31 décembre 1911 .	479	1.578	145.600	
31 décembre 1912 .	496	1.594	147.200	
31 décembre 1913 .	534	1.681	156.500	
31 décembre 1914 .	546	1.673	154.500	
31 décembre 1915 .	547	1.670	154.200	
31 décembre 1916 .	554	1.746	165.300	
31 décembre 1917 .	560	1.793	170.300	
31 décembre 1918 .	575	1.843	178.000	
31 décembre 1919 .	640	2.027	205.700	
31 décembre 1920 .	692	2.169	226.500	
Différence	+52	+ 142	+20.800m²	

Tableau N° 2.

Répartition du nombre de Chaudières par Département

ANNÉES	DÉPARTEMENTS										TOTAL
	Calvados	Eure	Eure-et-Loir	Manche	Mayenne	Oise	Orne	Seine Infre	S.-et-Oise	Somme	
1875	6	79	11	»	»	3	»	231	»	5	335
1880	18	69	11	»	»	3	5	392	»	4	502
1885	22	96	20	»	»	3	7	505	»	»	653
1890	17	100	20	2	2	3	18	564	»	»	726
1895	38	125	24	4	2	3	42	715	»	»	953
1900	61	152	17	7	7	3	61	852	»	»	1.155
1901	59	171	17	8	2	3	62	914	»	»	1.236
1902	64	180	17	13	2	3	56	902	»	»	1.237
1903	66	194	17	20	2	3	65	908	»	»	1.275
1904	65	197	17	19	2	3	69	912	»	»	1.284
1905	63	202	17	19	2	3	67	916	»	»	1.289
1906	69	210	17	18	2	3	69	930	»	»	1.318
1907	67	220	15	18	2	3	77	931	»	»	1 333
1908	71	223	13	23	2	3	80	1028	»	»	1.443
1909	82	225	13	24	2	3	78	1078	4	»	1.509
1910	83	220	13	25	2	3	80	1120	4	»	1.550
1911	79	232	13	28	1	3	79	1139	4	»	1.578
1912	80	231	13	28	1	3	83	1151	4	»	1.594
1913	92	230	13	34	1	3	85	1219	4	»	1.681
1914	106	225	13	38	1	3	83	1200	4	»	1.673
1915	106	236	13	35	1	3	83	1193	»	»	1.670
1916	112	246	13	37	1	3	84	1250	»	»	1.746
1917	115	250	13	42	1	3	84	1285	»	»	1.793
1918	126	253	13	49	1	3	81	1317	»	»	1.843
1919	203	265	13	55	1	3	83	1404	»	»	2.027
1920	214	300	14	64	1	3	89	1484	»	»	2.169

TABLEAU N° 3.

BILAN AU 31 DÉCEMBRE 1920.

ACTIF :		PASSIF :	
Fonds consolidés	272.543 25	Réserve générale	117.319 14
Matériel et Mobilier	14.575 85	— pr achat de matériel	767 60
Caisse :	2.779 60	— pr réduction de cotisn	24.871 04
Dû par travaux extraordinaires	2.026 »	— pr caisse de retraites	4.886 15
Dû par cotisations	1.215 65	Caisse de retraites	107.910 95
— Comptoir d'Escompte	15.266 49	Comptes créditeurs	13.227 »
		Dépenses à régulariser	6.300 35
		Excédents de l'exercice	33.122 61
Total	308.404 84	Total	308.404 84

TABLEAU N° 4.

COMPTE DE PROFITS ET PERTES

DÉBIT :			CRÉDIT :		
Amortissement de 20 % sur matériel et mobilier		2.348 30	Intérêts des titres		12.226 56
Moins value sur cours des fonds csnsolidés au 31 décembre 1920		15.718 30	Balance intérêts du compte courant		3.978 80
Appointemts et gratifications		191.280 70	Plus value sur remboursement 11 obligations		2.048 25
Frais de bureau et impressions		8.771 »	Cotisations :		
Frais de voyages, déplacements et automobile		57.437 95	Versements des adhérents	221.877 »	
Frais généraux		14.259 85	Prélèvement sur réserve pour réductions	9.333 »	
Loyer, impôts et assurances		4.545 05		231.210 »	231.210 »
Caisse de retraites :			Travaux extraordinaires :		
Intérêts à 4 % sur sommes inscrtes	3.672 25		Honoraires	75.622 30	
10 % sur appointements fixes de l'année	12.432 »		Rembours. frais de voyages et divers	18.502 10	
	16.104 25	16.104 25		94.124 40	94.124 40
Excédent de l'exercice 1920		33.122 61			
Total		343.588 01	Total		343.588 01

prendre une extension marquée ; ainsi que nous le disions il y a un an, nous estimons qu'il répond à une nécessité nouvelle.

Nous avons, comme toujours, eu la satisfaction de constater le zèle de notre personnel ; c'est pour nous un devoir agréable d'adresser nos félicitations à M. l'Ingénieur en chef et de le charger de transmettre nos remerciements à MM. les Inspecteurs, ainsi qu'à tous ses subordonnés.

2° Situation Financière

Il nous a paru intéressant de vous présenter désormais les comptes de façon un peu différente, la nouvelle méthode adoptée par le Conseil d'Administration vous permettra de mieux faire la comparaison entre les divers exercices, et de suivre plus exactement la situation de notre Association. Nous avons également modifié certains intitulés de comptes ; c'est ainsi que les postes capital, bénéfice, participation, sont remplacés par les postes réserve générale, excédent, réserve pour réduction de cotisations.

L'exercice 1919 accusait un déficit de 19 819 fr. 37. L'exercice 1920 se solde par un excédent de 33.122 fr. 61. Cette différence provient de la majoration des cotisations et des travaux extraordinaires.

Il convient d'observer que les nouvelles charges n'ont produit leur plein effet que sur les 6 derniers mois ; nous devons envisager pour 1921 des recettes analogues, mais aussi des charges plus lourdes, c'est pourquoi nous avons maintenu l'augmentation provisoire des tarifs.

En ce qui concerne l'excédent de 1920, nous vous proposons la répartition suivante adoptée par le Conseil d'Administration :

	Francs.
Caisse de Retraites	12.432
Réserve pour achat de matériel	7.000
Réserve pour réduction de cotisations	3.738
Réserve générale	9.952.61

Quand vous aurez entendu le rapport de M. le Commissaire des comptes nous vous demanderons d'approuver les comptes que nous avons l'honneur de vous soumettre et de procéder à la nomination pour trois ans de trois Membres du Conseil d'Administration, en remplacement de MM. A. Monfray, Gaston Manchon et J. Grenier, membres sortants et rééligibles.

RAPPORT DE M. M. BOUCHON

Commissaire-Rapporteur des Comptes

Exercice 1920

Messieurs,

Votre Conseil va soumettre à votre approbation les comptes de l'exercice écoulé.

Vous remarquerez que ceux-ci ne sont pas établis dans la forme habituelle. C'est qu'il est apparu à votre Conseil que la dénomination de certains comptes, dénominations qui n'avaient d'ailleurs pas été modifiées depuis l'année 1884, n'étaient plus en rapport avec la nature des sommes qu'ils représentaient.

Après examen attentif de la question par un expert comptable, celui-ci a proposé de modifier les titres de la façon suivante :

Le Compte *Capital* devient *Réserve génerale* ;
— *Participation* devient *Réserve pour réduction des Cotisations;*
— *Bénéfice* devient *Excédent.*

Le bilan que vous avez sous les yeux a été établi en utilisant ces nouvelles dénominations, et de fait il nous semble maintenant infiniment plus lisible. Il parle de lui-même aux yeux et n'attire pas les remarques que nous avions suggérées l'année précédente.

Il fait ressortir l'excellente situation de votre Société. Sa prospérité un instant ralentie du fait des évènements malheureux de ces dernières années, redevient tout à fait normale et nous devons être infiniment reconnaissants à votre Conseil pour la sage direction qu'il imprime à votre Société, dont les signalés services sont de plus en plus appréciés par les Industriels de notre région.

L'excédent net de l'année dernière ressort : 33.122 fr. 81.

Il permet à votre Conseil de verser à la Caisse des Retraites une somme importante, et d'une façon générale d'augmenter ses réserves.

Je vous propose en conséquence, Messieurs, d'approuver les comptes qui vous sont présentés.

RAPPORT DE M. LOUIS CAUCHOIS

Ingénieur en Chef

En vous rendant compte des travaux de l'année 1919, j'avais eu le plaisir de vous signaler l'activité particulièrement importante de l'Association, pendant cet exercice. Cette activité s'est maintenue pendant l'année 1920, et cela malgré quelques démissions et radiations de chaudières, provenant en grande partie de l'arrêt des fabrications de guerre. Nous avons ainsi eu à noter 28 démissions et rayer de nos registres de contrôle 96 chaudières. Mais par ailleurs nous avons eu la satisfaction d'inscrire 74 nouveaux adhérents et 215 chaudières, d'où un gain net de 52 adhérents et 119 chaudières inscrites. D'autre part les travaux extraordinaires se sont encore développés d'une façon très notable, et ont eu principalement pour but la recherche d'une meilleure utilisation des combustibles et de la vapeur.

En vue de nous mettre plus à la portée des adhérents des départements du Calvados, de la Manche et de l'Orne, un Inspecteur a été détaché à demeure à Caen, en sorte que tous les adhérents situés à moins de 70 kilomètres de cette Ville, par voie ferrée, peuvent maintenant nous demander les visites ou épreuves à la date qui est le plus à leur convenance. Nous leur demandons d'adresser leurs demandes directement au bureau de Rouen, autant que possible 15 jours à l'avance, de façon à nous permettre de régler notre service au mieux des intérêts de tous.

Les Ingénieurs en Chef des diverses Associations Françaises de Propriétaires d'Appareils à Vapeur avaient l'habitude, avant guerre, de se réunir une fois par an en un Congrès où ils présentaient à leurs collègues et discutaient avec eux les travaux les plus intéressants qu'ils avaient eu occasion de faire pendant l'année. Un compte rendu annuel de ces Congrès était publié chaque année ; celui du Congrès tenu à Lyon en 1914 et qui avait été retardé par la guerre a paru en 1920, et celui du Congrès tenu à Mulhouse, en 1919, paraîtra prochainement.

Ces comptes rendus qui étaient particulièrement intéressants avaient l'inconvénient de paraître un peu tardivement et il a semblé qu'il serait plus intéressant pour les adhérents des Associations de recevoir périodiquement un Bulletin qui puisse les tenir au courant, non seulement des travaux techniques un peu spéciaux faits par les Associations, mais aussi les renseigner assez rapidement sur les questions d'actualité et leur donner à leur sujet des conseils pratiques. Ce Bulletin, dont vous avez déjà reçu plusieurs exemplaires, contiendra également la reproduction des décrets et circulaires relatifs aex appareils à vapeur, que vous aviez habitude de trouver en annexe du présent rapport.

Je vous donnerai tout d'abord les statistiques qui sont nécessaires pour que vous puissiez vous rendre compte de l'activité de l'Association, puis j'analyserai ses travaux d'après le double but défini à ses statuts, à savoir, d'une part, la surveillance des appareils à vapeur en vue d'en assurer la sécurité et d'autre part la recherche des économies dans la produétion et l'emploi de la vapeur ou de la force motrice.

Le présent rapport sera donc divisé comme suit :

I. — Statistique des travaux de l'Association ;
II. — Surveillance des appareils à vapeur ;
III. — Etudes et essais relatifs à la production et à l'emploi de la vapeur ;
IV. — Etudes diverses.

I. — STATISTIQUE DES TRAVAUX DE L'ASSOCIATION

1° Travaux Ordinaires

Les travaux ordinaires comprennent les visites des appareils à vapeur, chaudières ou récipients inscrits sur nos registres et faisant l'objet d'une cotisation fixe. Ces travaux consistent en visites en marche et en visites intérieures et extérieures faites à froid. Ils sont résumés au tableau n° 5.

La surveillance s'est exercée pendant l'année 1920 sur 2.169 chaudières et 643 récipients. Les chaudières inscrites à l'Association se répartissent suivant leur type, comme il est indiqué au tableau n° 6.

2° Travaux extraordinaires

Les travaux extraordinaires comprennent tous les travaux d'études, essais ou contrôles faits en dehors du service ordinaire et donnant lieu à une rétribution spéciale.

Les travaux de cette nature effectués pendant l'exercice 1920, sont résumés au tableau n° 7.

TABLEAU N° 5.

TRAVAUX ORDINAIRES EFFECTUÉS EN 1920.

DÉSIGNATION		NOMBRE
Maisons faisant partie de l'Association		692
Établissements distincts appartenant à ces maisons		797
Chaudières inscrites en 1920		2.169
Récipients divers inscrits en 1920		643
Visites en marche	Visites effectuées	1.313
	% par rapport aux chaudières inscrites	60,5 %
Visites intérieures et extérieures	Visites effectuées	1.758
	% par rapport aux chaudières inscrites	81 %
Chaudières non visitées intérieurement depuis deux ans	Nombre	98
	Pour cent des chaudières inscrites	4,5 %
Récipients	Visites effectuées	609
	Pour cent des récipients inscrits	94 %
Consultations par correspondance		240

N. B. — Les visites ou consultations n'ayant pas donné lieu à un rapport écrit ne sont pas comprises dans les chiffres ci-dessus.

TABLEAU N° 6.

CLASSIFICATION PAR TYPES DES CHAUDIÈRES INSCRITES A L'ASSOCIATION EN 1920

TYPES DES CHAUDIÈRES			NOMBRE	TOTAL
Foyers extérieurs grand volume d'eau	Ordinaire à bouilleurs		308	
	A retour de flammes		157	
	Multibouilleurs		7	
	Semi-tubulaires avec ou sans bouilleurs		637	
	— diverses (Martin, Hervier, etc.)		3	
	— Lagosse		11	
	Multicommunications		4	1.127
Foyers extérieurs petit volume d'eau	Multitubulaires à faisceau incliné	Babcock et Wilcox	189	
		Belleville	23	
		Collet ou Niclausse	23	
		De Naeyer	25	
		Roser	22	
	Multitubulaires à faisceau vertical ou très peu incliné	Garbe et analogues	38	
		Kestner	11	
	Multitubulaires diverses (Boulte, du Temple, etc.)		25	356
Foyers intérieurs	Galloway		101	
	Diverses (Lancashire, Piedbœuf, etc.)		149	
	Tubulaire à foyer rectangulaire (type locomotive)		94	
	— à foyer circulaire		27	
	A foyer amovible		117	
	Verticales Field		127	
	Verticales diverses		71	686
		Total...		2.169

Tableau N° 7

Travaux extraordinaires effectués en 1920

DÉSIGNATION		NOMBRE
Epreuves hydrauliques officielles faites par l'Association seule.	Appareils à vapeur	540
	Récipients à gaz comprimé	2.570
Epreuves hydrauliques faites par le Service des Mines avec collaboration de l'Association		38
Certificats pour dispenses d'épreuves		4
Visites extraordinaires d'appareils inscrits à l'Association	Chaudières	68
	Réchauffeurs	4
	Récipients	1
Visites de Machines à vapeur appartenant aux adhérents		12
Visites d'appareils d'occasion	Chaudières	36
	Machines	5
Visites extraordinaires diverses		72
Contrôles simples de la combustion et leçons de chauffage		7
Essais de vaporisation de chaudières		28
Essais de machines ou turbines à vapeur	Essais simples	125
	Essais de consommation	25
Analyses d'eaux		7
Analyses de charbon		28
Projets d'installation		12

II. — SURVEILLANCE DES APPAREILS A VAPEUR

1° Chaudières

La surveillance des appareils à vapeur s'exerce au moyen de *visites en marche* faites à l'improviste et de *visites intérieures et extérieures* faites à froid.

§ 1. Visites en marche. Les premières ont principalement pour but de vérifier l'exécution des prescriptions administratives et de s'assurer du fonctionnement apparent des appareils de sûreté ou d'alimentation.

Les défauts relevés au cours de nos visites ont été classés dans le tableau n° 8, et peuvent se résumer comme suit :

Défauts relatifs aux formalités prescrites par les règlements. $a = 241$

Défauts relatifs à la sécurité	graves	$b = 240$
	sans gravité	$c = 10$

TABLEAU N° 8

DÉFAUTS RELEVÉS AU COURS DES VISITES EN MARCHE PENDANT L'EXERCICE 1920

NATURE DES DÉFAUTS		NOMBRE	CATÉGORIE
Manomètres	sans bride d'essai.	16	*a*
	inexacts de plus de 1/2 kilog.	79	*b*
	en mauvais état d'entretien	7	*b*
	gradués en atmosphères ou inexactement gradués.	1	*a*
	ne portant pas la marque exigée par le décret.	11	*a*
Indicateurs de niveau à tube de verre	en réparation ou inutilisés.	43	*b*
	en mauvais état d'entretien	61	*b*
	disposés de façon défectueuse	4	*b*
	sans indication du niveau réglementaire de l'eau	36	*a*
	insuffisamment protégés contre l'action du bris du tube.	144	*a*
Flotteurs et Sifflets.	mal réglés ou mal disposés.	1	*b*
	en mauvais état d'entretien.	10	*c*
Robinets de jauge.	ne fonctionnant pas ou fonctionnant mal	»	*b*
	en mauvais état ou mal placés	2	*b*
Soupapes de sûreté.	calées.	1	*b*
	surchargées	20	*b*
	en mauvais état d'entretien.	8	*b*
	de mauvaise construction ou disposition	»	*d*
Appareils d'alimentation.	sans clapet de retenue ou clapet mal placé	»	*a*
	en mauvais état d'entretien	»	*b*
	alimentation insuffisante.	»	*b*
Tuyauterie et robinetterie	mal disposées.	»	*d*
	sans clapet de retenue aux prises de vapeur de 80 m/m et plus	»	*a*
	fuites aux joints de tuyaux.	»	*d*
	fuites aux valves et robinets	3	*d*
	fuites aux piètements	3	*d*
Devantures.	cassées ou en mauvais état.	1	*d*
	portes de foyers en mauvais état	»	*d*
	d° non munies de loquets de fermeture	24	*a*
	d° et de cendrier de chaudières multitubulaires non automatiques	3	*a*
	fermetures de boîtes à tubes, à fumée, etc., insuffisantes	6	*a*
	rentrées d'air	5	*d*
Chauffage.	feux mal conduits ou trop poussés	3	*d*
Chaufferies	encombrées ou mal tenues, mal éclairées	1	*d*
	ne possédant pas de moyens de retraites suffisants.	»	*a*
	disposées de façon dangereuse	»	*b*

Tableau N° 8 (*suite*)

NATURE DES DEFAUTS		NOMBRE	CATÉGORIE
Divers.	chaudières manquant d'un des appareils de sûreté réglementaires. indicateur à tube.	1	*b*
	chaudières manquant d'un des appareils de sûreté réglementaires. autre appareil. . .	4	*b*
	réchauffeurs non munis de la soupape de sûreté obligatoire	»	*a*
	fuites à des rivures	9	*b*
	maçonneries délabrées	»	*d*
	grilles en mauvais état.	»	*d*
	surchauffeurs non munis de la soupape de sûreté obligatoire	»	*a*

Le nombre de défauts graves relevés est de 18,2 °/ₒ du nombre de chaudières visitées, en légère diminution sur l'année précédente, mais encore beaucoup plus élevé que par le passé. Les difficultés éprouvées par les industriels pour assurer pendant la guerre l'entretien des appareils n'existent plus et il serait désirable que des efforts soient faits pour éviter ces défauts dont les conséquences peuvent être très graves.

Le pourcentage du manquement aux prescriptions administratives est de 18,3 °/ₒ contre 23, 5 l'année dernière. Il est à souhaiter que cette diminution aille en s'accentuant et que l'on revienne bientôt au pourcentage de 1913, qui n'était que de 11,39, et, cela d'autant plus, que ceux qui ne sont pas en règle sont sous le coup de contraventions et s'exposent à voir, en cas d'accidents, leur responsabilité particulièrement aggravée.

Pour les défauts relevés au cours de ces visites, il ne se trouve rien qui puisse être retenu au point de vue général.

§ 2. Visites Intérieures et extérieures

Ces visites faites à froid ont pour but de découvrir autant que possible les vices cachés, invisibles pendant la marche. Elles constituent la partie la plus importante de notre mission et répondent d'ailleurs à une obligation précise des règlements administratifs (décret du 9 octobre 1907, article 39 et 40).

Trop grand est encore à notre gré le nombre d'industriels qui ne se conforment pas à cette prescription. C'est ainsi que dans le courant de l'année 1920, nous n'avons été mis à même de visiter que 84 °/ₒ des chaudières inscrites contre 76 °/ₒ l'année dernière.

Parmi les chaudières non visitées il s'en trouve 4,62 °/ₒ contre 7,4 °/ₒ en 1919 qui n'ont pas été visitées depuis 2 ans. Je ne saurais trop exhorter les propriétaires de ces 98 chaudières qui ne sont pas encore

TABLEAU N° 9

DÉFAUTS RELEVÉS AU COURS DES VISITES INTÉRIEURES ET EXTÉRIEURES PENDANT L'EXERCICE 1920

NATURE DES DÉFAUTS				DÉFAUTS non dangereux	DÉFAUTS dangereux
Pailles	côté de l'eau	aux coups de feu		33	»
		à d'autres tôles		32	»
	côté du feu	aux coups de feu		22	»
		à d'autres tôles		28	»
		à des plaques tubulaires		»	»
Bosses et déformations	aux coups de feu			250	1
	à d'autres tôles			33	»
	à des plaques tubulaires			4	»
	à des tubes			21	1
	à des pièces			1	»
	provenant des chocs ou d'autres causes extérieures			8	»
Fentes et cassures	aux rivures	transversales	aux coups de feu	»	1
			à d'autres tôles	»	4
		longitudinales		»	1
		à des pièces	aux coups de feu	1	1
			à d'autres tôles	»	»
		aux gueulards		5	»
		à l'emmanchement des tubes		»	»
		à des boîtes de jonction ou collecteurs de chaudières multitubulaires		»	»
	en pleine tôle	aux coups de feu		»	1
		à d'autres tôles		1	5
		à des fonds emboutis		»	»
		à des plaques tubulaires		1	»
		à des pièces	aux coups de feu	»	»
			à d'autres tôles	»	1
		dans des parties coudées		6	4
		à des tubes		»	1
		à des boîtes de jonction ou collecteur de chaudières multitubulaires		»	»
A reporter				446	21

NATURE DES DÉFAUTS				DÉFAUTS non dangereux	DÉFAUTS dangereux
			Report. . .	446	21
Fuites	aux rivures	transversales	aux coups de feu.	»	»
			à d'autres tôles .	66	»
		longitudinales		7	»
		à des pièces	aux coups de feu.	»	»
			à d'autres tôles .	»	»
	à l'emmanchement des tubes			60	»
	à des boîtes ou éléments de chaudières multitubulaires			18	»
	à des joints de communications.			»	»
	à d'autres joints			3	»
Corrosions	côté de l'eau	dans les ciels		30	»
		au plan d'eau.		112	»
		en d'autres points.		650	7
		aux tubes.		113	3
		aux rivets		31	1
	côté du feu	par suite de fuites.		11	»
		par humidité et suie . . .		11	»
		aux tubes.		2	»
Mauvais nettoyage	des tôles ou tubes	du côté de l'eau.		168	5
		du côté du feu		54	»
	du tuyau d'alimentation			65	»
	des carneaux.			8	»
Appareils de sûreté	Manomètres	dont l'aiguille ne revient pas à sa position initiale.		125	»
		mal gradués ou sans la marque réglementaire		56	»
	Indicateurs de niveau	à tube de verre	niveau minimum non tracé .	49	»
			non munis de protecteurs . .	172	»
			tuyaux obstrués ou crevés. .	87	»
			mal entretenus, fonction. mal.	47	»
			mauvais réglage . . .	1	»
		à flotteurs magnétiques et autres	mal entretenus, fonction. mal	41	»
			mauvais réglage	4	»
		Robinets de jauge : Mal entretenus, fonct. mal .		8	»
	Soupapes : usées, mal entretenues, ou de construct. défectueuse.			8	1
	Clapets de retenue d'alimentation	manquants ou mal placés		1	»
		en mauvais état		4	»
	Tuyau d'alimentation en mauvais état. . .			1	»
			A reporter. . .	2.459	38

NATURE DES DEFAUTS			DÉFAUTS non dangereux	DÉFAUTS dangereux
		Report. . . .	2.459	38
Fourneaux et carneaux	montage défectueux		»	»
	maçonneries en mauvais état	dans le foyer.	252	»
		dans les carneaux . .	292	»
	Carneaux humides		16	»
	barreaux de grilles	brûlés ou en mauvais état. .	17	»
		de mauvaises dimensions ou mal disposés	3	»
	portes	de foyers : non munies de loquets. de fermeture ou de fermetures automatiques selon les cas.	53	»
		de cendriers, non munis de fermetures automatiques.	5	»
		des boites à tubes et à fumée, fermeture insuffisante.	5	»
	registres : fonctionnant mal.		»	»
Chaufferie	ne présentant pas de moyens de retraite suffisants.		27	»
	trop exiguë, mal tenue ou mal éclairée . .		»	»
Défauts divers	supports et sommiers	mal placés ou mal calés . . .	177	2
		à remplacer	32	»
		en nombre insuffisant . . .	4	»
	têtes de rivets cassées.		28	»
	entretoises cassées ou donnant lieu à des fuites.		10	»
	armatures voilées ou cassées		6	»
	valves et robinets usés ou en mauvais état.		37	»
	prises de vapeur de 80 m/m et plus non munies de clapets d'arrêt de vapeur automatique.		21	»
	réchauffeurs	non munis de la soupape de sûreté obligatoire	2	»
		mauvaise disposition	»	»
		tubes d'économiser cassés. . . .	»	»
	surchauffeurs	non munis de la soupape de sûreté obligatoire.	»	»
		avaries diverses	5	»
	présence de matières grasses sur les tôles .		14	»
	tuyaux de vidange en mauvais état		1	»
		Total. . .	3.465	40

mis en règle à le faire le plus tôt possible, non seulement par crainte d'ennuis administratifs, mais au point de vue de la simple prudence car d'après l'expérience des Associations il est indispensable de ne pas laisser écouler deux années entre deux visites consécutives.

D'ailleurs un certain nombre d'entre eux ont accédé à la demande que nous leur avons faite et se sont mis en règle depuis le 1er janvier.

Les défauts trouvés au cours de ces visites ont été classés comme à l'ordinaire dans le tableau n° 9. Le nombre des défauts dangereux est cette année de 40, soit 2,2 par rapport au nombre des chaudières visitées. Cette proportion est en augmentation sur les années précédentes.

Visites intérieures et extérieures

Au cours des visites intérieures et extérieures faites cette année, deux genres d'avaries ont été rencontrés plus fréquemment :

Les corrosions aux chaudières ;

Les cassures dans les parties embouties des chaudières et particulièrement aux extrémités avant des tubes foyers des chaudières à foyers intérieurs ou au bord tombé du fond avant sur lesquels ceux-ci sont rivés.

Corrosions dans les chaudières

Dans les chaudières à foyer extérieur, toutes les parties de la chaudière sont atteintes, mais plus spécialement celles où l'épaisseur du tartre est le plus important.

Dans les chaudières à foyers intérieurs, la corrosion se développe surtout latéralement aux tubes-foyers aux environs du plan de grille, elles sont particulièrement fréquentes entre foyers au bord tombé des bouts de viroles. Egalement on observe des corrosions des fonds arrières à la ligne d'eau.

Ces corrosions dont la cause est encore mal définie semblent toutefois se produire de façon plus intense aux endroits où la tôle est la plus entartrée et être d'autant plus actives que l'eau contient plus de chlorures, surtout si ceux-ci se trouvent en présence de nitrates, ou de sels de magnésie.

Quels que soient les produits provoquant la corrosion celle-ci peut être enrayée et très atténuée en tenant rigoureusement propre les tôles des chaudières. En tous cas les nettoyages bien exécutés des chaudières permettent de les signaler à l'occasion de nos visites annuelles et de prendre toutes dispositions pour en arrêter les progrès en temps utile. Malheureusement dans de nombreux cas les nettoyages avaient toujours été faits de façon tellement insuffisante qu'il ne nous a pas été permis d'intervenir en temps opportun, et lorsque les avaries ont été découvertes elles avaient pris une importance tellement dangereuse au point de vue sécurité que l'on a dû procéder à des réparations coûteuses.

Quant aux corrosions des fonds arrières des chaudières à foyer extérieurs, une meilleure protection de ces fonds par la maçonnerie ne tarde pas à les enrayer.

Cassures

Les cassures dans les parties embouties des chaudières offrent plus ou moins de gravité suivant que les parties embouties sont libres ou non. Différents accidents graves dont un survenu sur une chaudière surveillée par nous et dont il sera parlé plus loin ont montré que les cassures dans les congés des fonds emboutis des corps cylindriques sont particulièrement dangereuses. Je compte décrire ces accidents dans une note (1) qui paraîtra prochainement dans le Bulletin des Associations de propriétaires d'appareils à vapeur. Dès l'apparition d'une cassure de ce genre, qui n'est pas toujours facile à déceler, il convient d'arrêter la chaudière de suite et de procéder au remplacement du fond.

Cassures aux tubes-foyers

Dans les chaudières à foyers intérieurs dont les foyers comportent un bord rabattu rivé sur la façade qui est elle-même plane, il se produit assez souvent des cassures dans le fond du congé du bord rabattu. On peut les réparer aisément par la pose d'une pièce de renfort mise intérieurement, mais il est prudent de ne pas attendre que la cassure soit profonde et de procéder au renforcement dès l'apparition des criques. D'ailleurs un certain nombre de chaudières de ce type sont renforcées dès l'origine, il suffit donc de remplacer le renfort en temps voulu.

Cassures à la façade

Dans d'autres types de chaudières à foyer intérieur, c'est la façade qui est emboutie pour recevoir l'about du foyer qui est cylindrique. Nous avons remarqué que beaucoup de chaudières de ce type se cassent au fond du congé de l'embouti au bout d'une dizaine d'années de marche environ. La véritable réparation donnant toute sécurité est le changement du fond. On procède parfois à une réparation par pièce formée rivée sur le fond et le foyer, mais ces pièces sont peu faciles d'exécution et leur étanchéité est souvent de peu de durée.

Enfin, la façade de ces chaudières se casse encore, quoique moins souvent, dans les congés des bords rabattus des fonds destinés à les assembler sur la virole extérieure. Ces cassures doivent être signalées et demandent à être surveillées de près, mais lorsque les criques ne

(1) Voir Bulletin n° 8. — Du danger des cassures dans les congés des fonds emboutis des corps cylindriques, par M. L. Cauchois.

sont que naissantes et peu développées, on peut admettre que si la liaison du tube-foyer avec la façade est elle-même correcte, l'arrêt immédiat de la chaudière ne s'impose pas.

Il convient de noter qu'il ne faut pas songer à réparer ces diverses cassures par soudure autogène ou même soudure électrique, car ces procédés de réparations qui peuvent rendre des services dans certains cas ne doivent pas être employés, dans les endroits des chaudières travaillant à la traction ou à la flexion, ce qui est le cas pour les cassures que nous venons de décrire, et qui ont précisément pour cause principale les efforts de flexion provenant des mouvements de dilatation répétées.

2° Récipients

Au cours de l'année 1920, l'inscription de 45 récipients nous a été demandée et nous avons visité 94, 7 °/₀ du nombre des récipients inscrits à l'Association.

Les défauts relevés peuvent se classer comme suit : Défauts relatifs aux formalités prescrites par les Règlements : 289.

Défauts relatifs à la sécurité	graves	44
	sans gravité	26

Parmi les défauts graves rencontrés cette année au cours de nos visites je tiens à vous signaler les suivants :

Fermetures autoclaves à boulons. Sur une cuve horizontale dite « autoclave » dont le couvercle était maintenu par des boulons oscillants munis d'écrous à œils, les surfaces de repos des écrous étaient complètement usées, en sorte qu'un accident aurait pu se produire par suite du glissement des écrous vers l'extérieur, que rien ne pouvait empêcher. Je vous rappelle que la Circulaire ministérielle du 30 octobre 1919 prescrit que la disposition de ces couvercles doit être telle que l'écrou, après remise en place, doit se trouver engagé dans un logement ou derrière une saillie faisant obstacle au mouvement de glissement.

Les appareils à fermeture autoclave sont de beaucoup, par leur diamètre et leur mode de fermeture, les récipients présentant le plus de danger. Ils ont provoqué à maintes reprises des accidents graves ayant amené mort d'homme, en sorte que je ne saurais trop vous demander d'exercer la plus grande attention sur le personnel chargé de leur conduite. Les pressions ordinairement assez faibles auxquelles fonctionnent ces appareils amènent souvent à négliger les précautions les plus élémentaires comme celle par exemple de mettre en place tous les boulons à oreilles avant de mettre l'appareil sous pression.

Insuffisance de débit des soupapes. De nombreux récipients qui jusqu'ici, n'étaient pas munis d'ajutages avec bride pour l'apposition du manomètre étalon, malgré les rappels que nous ne cessions de faire à ce sujet, en ayant été pourvus nous avons été à même de faire des essais de suffisance des soupapes. Nous avons trouvé 4 récipients pour lesquels ces soupapes étaient tellement insuffisantes que lors de nos essais la pression aurait pu atteindre si nous n'avions pas fermé la prise de vapeur, un chiffre supérieur à celui auquel ils avaient été soumis lors de l'épreuve originelle par la pression hydraulique. Ce fait est particulièrement grave car beaucoup de récipients n'étant pas à beaucoup près construits avec les mêmes soins que les chaudières, et leur examen annuel ne pouvant être fait aussi complètement que celui des chaudières par suite de l'inaccessibilité de certaines de leurs parties, tout dépassement de pression excédant le chiffre du timbre est très dangereux et, à ce point de vue seul, doit être évité à tout prix indépendamment des prescriptions formelles des règlements.

Cylindres sécheurs Comme pour les chaudières et peut-être plus que pour elles, nos adhérents auraient grand intérêt à nous consulter avant d'acquérir certains récipients de vapeur, tels que les cylindres sécheurs, ils s'éviteraient ainsi bien des mécomptes et des dépenses inutiles par suite de mises hors services prématurées de récipients, dues au choix peu judicieux des matières employées pour leur construction, et au coefficient de sécurité trop faible, adopté pour les calculs de construction.

3° Visites extraordinaires

Ces visites faites en vue de la visite annuelle nous sont généralement demandées pour examiner des chaudières sur lesquelles des avaries se sont produites, ou qui se trouvent en cours de réparation.

Dans cette catégorie, rentrent également les visites de chaudières d'occasion, dont l'utilité est si grande. Nous nous trouvons cependant constamment en présence d'industriels qui regrettent amèrement de ne pas y avoir songé. Nous vous rappelons qu'il faut craindre non seulement la mauvaise foi de certains vendeurs et les maquillages auxquels ils peuvent se livrer, mais l'ignorance également de beaucoup d'autres qui ne connaissent pas l'état des appareils et vous donnent les meilleures assurances sur un simple examen extérieur.

4° Epreuves hydrauliques

La faculté donnée à nos adhérents par le Décret de février 1919, de pouvoir faire exécuter les épreuves réglementaires de leurs appareils par notre Association est de plus en plus appréciée. C'est ainsi que nous avons effectué en 1920 : 540 épreuves contre 233 l'année précédente. Mais la rapidité avec laquelle nous pouvons donner satisfaction aux demandes pour les cas urgents, ce qui est une grande facilité pour nos adhérents, ne doit pas faire perdre de vue que nous sommes dans l'obligation, pour chaque épreuve, de nous mettre en relations avec le Service des Mines et qu'il est par conséquent nécessaire que la demande d'épreuve ne soit pas faite au dernier moment, et que toutes les fois qu'il est possible la date en soit fixée une dizaine de jours à l'avance.

Nous avons assisté M. l'Ingénieur des Mines dans 38 épreuves hydrauliques.

Les épreuves décennales effectuées soit par nous mêmes, soit par l'Ingénieur des Mines, en notre présence, ont été faites avec dispense de démolition complète des massifs.

Nous n'avons délivré que 4 certificats permettant aux intéressés d'obtenir une dispense ou un sursis d'épreuve, conformément aux facilités qui sont données aux adhérents de l'Association par l'article 3 du Décret du 9 octobre 1907. La dispense d'épreuve qui permettait de remettre en route très rapidement a évidemment un intérêt moindre maintenant, puisque nous pouvons effectuer les épreuves elles-mêmes dans les mêmes conditions de rapidité que la visite nécessaire pour l'octroi d'un certificat de dispense.

5° Accidents

Nous avons eu dans le courant de l'année 1920 à déplorer un accident grave, survenu à une chaudière multitubulaire à double faisceau vertical, ayand 300 m² de surface de chauffe, timbrée à 15 kilogrammes, qui a entraîné la mort d'un homme et blessé huit autres.

Je ne vous donnerai pas ici le compte-rendu détaillé de l'étude à laquelle cet accident à donné lieu, car il fera l'objet d'une note dans le prochain Bulletin des Associations (1). Je me contenterai de vous indiquer que cet accident a eu pour point de départ la rupture d'un fond du corps cylindrique arrière ayant 1 m, 50 de diamètre, rupture qui s'est produite dans le congé de raccordement du fond avec le bord tombé,

(1) *Bulletin du Groupement des Associations Françaises des Propriétaires d'appareils à vapeur* N° 8. — Du danger des cassures dans les congés des fonds emboutis des corps cylindriques, par L. Caucnois.

Sous l'effet de cette rupture la chaudière, qui avait plus de huit mètres de hauteur, a été complètement retournée, et ainsi qu'on peut le voir sur la figure, le corps cylindrique n° 2, qui était à l'arrière et dont le fond s'est rompu, s'est trouvé projeté en avant de la chaudière.

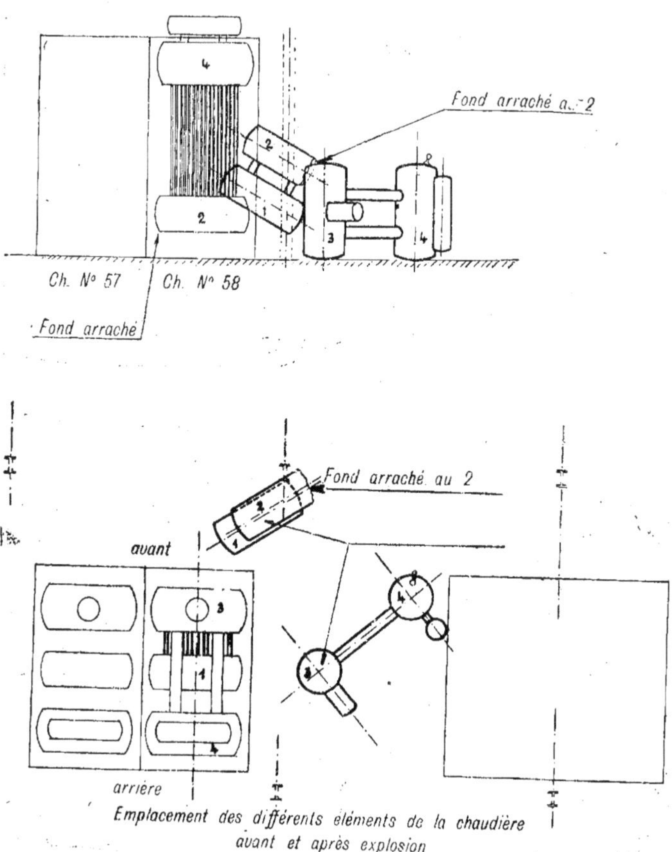

Emplacement des différents éléments de la chaudière avant et après explosion

Cette chaudière avait été construite pendant la guerre et mise en servise en mars 1917 ; une visite faite peu de temps avant l'explosion n'avait revélé aucune fissure dans les fonds. A notre avis, l'insuffisance de résistance du fond, qui est la cause de l'accident, doit être attribuée d'une part, à la forme défectueuse de l'embouti qui, comme nous le constatons trop fréquemment, avait été prévu avec un rayon de courbure beaucoup trop faible, et d'autre part, à un remaniement du fond fait par chaudes partielles et martelages lors du montage et dont on pouvait, après décapage, constater les traces sur les tôles.

Cet accident met en évidence :

1° La nécessité d'adopter pour les fonds emboutis un rayon de courbure dans le congé de raccordement qui soit suffisant pour qu'il n'y ait pas, après emboutissage, diminution d'épaisseur ou écrouissage du métal.

Cette précaution est particulièrement indispensable pour les fonds de grand diamètre, non armaturés ;

2° Le danger des retouches faites dans un endroit où la tôle peut avoir déjà subi une fatigue anormale ;

3° L'intérêt qu'il y a à faire surveiller la construction des chaudières ou tout au moins à les faire réceptionner avant la mise en route, et cela quelle que soit l'importance et la valeur habituellement reconnue du constructeur, car bien des défauts visibles à ce moment ne le sont plus dès que la moindre couche de tartre recouvre les tôles ou que la chaudière est enclavée dans la maçonnerie.

4° L'utilité qu'il y a à surveiller particulièrement les fonds emboutis de cette nature et à construire la maçonnerie lorsque cela est possible, de manière à ce que les fonds puissent être surveillés intérieurement et extérieurement et qu'une avarie puisse être décellée dès son apparition.

6° Documents Administratifs

Relatifs a la Sécurité des Appareils (1)

J'ài à vous signaler :

1° Une circulaire Ministérielle du 5 janvier 1920 rendant valables, sur le territoire de la République, les épreuves executées par l'Association Alsacienne des Propriétaires d'Appareils à Vapeur. Cette Association continue en effet à éprouver les appareils à vapeur en Alsace et en Lorraine, dans les mêmes conditions qu'avant guerre et d'après le même règlement. Les appareils éprouvés ainsi par elle peuvent donc, en vertu de cette circulaire, être installés et mis en route sans nouvelle épreuve, La réussite de ces épreuves est constatée par l'apposition d'un poinçon spécial dit de la roue de Mulhouse;

---

(1) Ces documents qui ont déjà paru dans les Bulletins N° 1, 2 et 3 du Groupement des Associations Francaise de Propriétaires d'Appareils à Vapeur, sont reproduits en annexe du présent rapport.

2° Une circulaire Ministérielle du 6 mai 1920 concernant l'application de l'article 16 du Décret du 9 octobre 1907 (fermeture des portes de foyers et cendriers) aux chaudières à foyer soufflé ou à chauffage par le gaz, l'huile lourde, le mazout, etc. L'objet de cette circulaire est d'obliger les industriels à prendre des dispositions pour que le personnel ne puisse être atteint et brulé dans le cas où un retour de flammes viendrait à se produire. L'attention doit être particulièrement attirée sur les installations qui ont été faites ou viendraient à être montées pour la chauffe aux combustibles liquides, car les dispositions prescrites par la circulaire ministérielle y sont rarement observées. Il y a lieu d'ailleurs de noter que la circulaire elle-même envisage la possibilité d'obtenir des dérogations ;

3° Une circulaire Ministérielle du 7 juin 1920 qui autorise les Associations de Propriétaires d'Appareils à Vapeur à procéder aux épreuves des récipients à gaz liquéfiés ou comprimés. Cette circulaire vise les épreuves et réépreuves auxquelles sont soumis les récipients à gaz liquéfiés ou comprimés pour pouvoir être transportés par chemin de fer. Les conditions dans lesquelles ces épreuves doivent être faites sont variables suivant le gaz que doit renfermer le récipient et ont été fixées par l'arrété ministériel du 12 novembre 1897 et les circulaires des 15 décembre 1897, 10 janvier 1905, 20 septembre 1910 ;

4° Un Décret du 23 juin 1920 modifiant l'article 33 du 9 octobre 1907 (tuyauteries) ainsi qu'une circulaire Ministérielle du 30 juin 1920 envoyant et commentant ce Décret. Celui-ci rend obligatoire pour les industriels la déclaration des accidents occasionnés par les tuyauteries ou pièces de tuyauteries mesurant plus de cinquante cm² de section intérieure et appelées à canaliser la vapeur sous une pression effective susceptible de dépasser 300 grammes par cm².

Comme l'indique la circulaire, cette prescription « a pour but éventuel de fournir à l'administration des éléments authentiques en vue d'une réglementation préventive qui constituera ultérieurement, si elle est reconnue utile, la seconde phase de la réforme ».

La circulaire donne ensuite quelques conseils relatifs à la construction des tuyauteries et au choix des matériaux employés. Nous vous recommandons la lecture de cette circulaire, car les conseils donnés, sont pleinement en accord avec ceux que nous sommes appelés fréquemment à donner nous-mêmes, et leur utilité se trouve confirmée par les accidents dont nous avons eu connaissance.

J'attirerai votre attention sur les dangers : *a)* des pièces en fonte particulièrement pour les tuyauteries sujettes à coups d'eau ou à dilatations brusques ; *b)* des tuyauteries de cuivre pour le transport de la vapeur dont la pression est supérieure à 6 kilogrammes ou qui a été surchauffée ;

c) des assemblages insuffisants. Sur ce dernier point la circulaire rappelle qu'« on doit s'interdire de compter pour la tenue d'un assemblage sur la résistance d'un frottement » et que la brasure s'est souvent elle-mêmes montrée insuffisante. Il est absolument indispensable que lorsque les collerettes ou brides des tuyauteries importantes ne sont pas rivées, il soit prévu, soit un dudgeonnage dans des rainures suffisamment profondes, soit un évasement suffisant du tuyau ou mieux un rabattement de son extrémité.

Une des recommandations les plus importantes pour l'établissemen d'une tuyauterie est que l'étude de son tracé soit faite avec soin, aussi bien en plan qu'en profil, pour éviter, d'une part, les coups d'eau, conséquence d'un écoulement défectueux et d'autre part, les ruptures ou déboitages par dilatations insuffisamment ménagées.

Enfin, la circulaire recommande l'emploi du clapet de vapeur susceptible de se fermer automatiquement en cas de rupture de la tuyauterie. C'est une précaution que nous préconisons depuis longtemps et dans le rapport de l'année dernière je vous entretenais précisément d'un cas où la présence d'un clapet de ce genre avait évité un accident.

III. — ETUDES ET ESSAIS

RELATIFS A LA PRODUCTION ET A L'EMPLOI DE LA VAPEUR

Considérations générales

Depuis son origine l'Association s'est toujours préoccupée de chercher à faire réaliser à ses adhérents des économies dans la production et l'emploi de la vapeur.

A l'intérêt particulier que présentait cette question s'est joint, dans les dernières années, un intérêt national et je vous signalais l'année dernière que les Pouvoire Publics s'étaient émus de la situation grave dans laquelle se trouvait le Pays par suite de la pénurie de charbon. Dans une circulaire Ministérielle en date du 3 Mars 1920 [1] le Sous-Secrétaire d'Etat des Mines attirait l'attention des ingénieurs des Mines sur les services que l'on pouvait attendre des Associations de Propriétaires d'Appareils à Vapeur, pour obtenir des améliorations importantes dans l'économie du combustible. Il envisageait même que l'on pouvait tenir compte pour la répartition du combustible des renseignements compte-rendus d'essais de consommation, rapports de visites ou autres documents qui auraient été remis aux industriels par nos Associations. Cette suggestion n'a d'ailleurs pas eu de suite dans notre région, la

(1) Voir en annexe du présent rapport.

situation ayant pu heureusement s'améliorer sans nouvelles interventions administratives.

Dans le même but, un Décret du 14 mars 1920 (1) a institué au Ministère des Travaux Publics une Commission interministérielle chargée d'étudier les moyens propres à assurer une meilleure utilisation du combustible et de proposer toutes mesures à cet effet. Trois Ingénieurs en Chef d'Associations de Propriétaires d'Appareils à Vapeur font partie de cette Commission. Les travaux ont fait l'objet de rapports et de vœux qui ont paru à *l'Officiel* et ont été publiés en partie dans le Bulletin des Associations.

Enfin, une autre Commission, instituée par le Décret du 15 avril 1920, a travaillé parallèlement a la précédente dans le but d'étudier toutes les questions se rattachant à la production et à l'utilisation des succédanés du charbon et tout particulièrement des combustibles liquides et de la tourbe.

En ce qui nous concerne, nous avons, dans le courant de cette année, porté tous nos efforts sur le développement de notre service de Contrôle d'utilisation du combustible, et nous remercions tous les industriels qui nous ont accordé leur confiance et nous ont demandé de faire sur leur installation des essais simples ou complets,

Au début de l'année on ne pouvait encore guère envisager comme amélioration à réaliser qu'une meilleure utilisation, soit du combustible quelconque attribué aux industriels, soit des installations dans l'état où elles se trouvaient. Mais peu à peu les conditions du marché du charbon se sont améliorées, tant à cause de l'augmentation des disponibilités que par suite de la diminution de l'activité de l'industrie. D'autre part on peut maintenant songer à effectuer le remplacement des machines et chaudières trop anciennes ou insuffisamment économiques, c'est ainsi que peu à peu nous revenons avec le retour à la liberté, à la situation d'avant-guerre, époque à laquelle on pouvait étudier de façon vraiment efficace, soit le combustible qui convenait le mieux à une installation déterminée, soit les améliorations ou remplacements de matériel qu'il convenait d'effectuer.

Visites du Service ordinaire

Nos visites ordinaires, faites surtout en vue d'assurer la sécurité, nous mettent également à même de donner fréquemment des conseils intéressant l'économie de marche des installations,

C'est ainsi que trop fréquemment nous avons à insister sur les nettoyages insuffisants, qu'il s'agisse de l'enlèvement du tartre ou des suies. Le coefficient de transmission de la chaleur à travers les parois et par

(1) Le texte en est donné en annexe du présent rapport.

suite le rendement de la chaudière diminue très notablement avec l'existence de ces dépôts. L'inconvénient est moindre pour les installations pourvues d'économiseurs, mais à condition que ces appareils soient eux-mêmes maintenus constamment en état de propreté et qu'en particulier les mouvements de raclettes qui assurent le ramonage des tubes fonctionnant correctement.

Nous avons également à noter trop souvent l'existence de crevasses dans les maçonneries, de fentes aux devantures ou de rentrées d'air par les cadres des registres, toutes causes de diminution de rendement de la chaudière. Nous avons également à noter les passages directs entre carneaux et pour les chaudières multitubulaires, le mauvais état des chicanes.

Enfin, au cours de nos visites en marche nous avons pu donner d'utiles conseils sur la manière dont les feux sont conduits, le registre utilisé et l'alimentation assurée. Ces conseils sont naturellement assez superficiels, et pour être vraiment efficaces il est nécessaire qu'ils aient pour point de départ des essais ou mesures, de façon à avoir des données précises sur la marche des chaudières et machines. C'est le but de notre Service de Contrôle d'utilisation du combustible.

Contrôles simples de la combustion

L'essai le plus simple est le contrôle de la combustion fait au moyen de relevés de dépressions dans le foyer et d'analyses des gaz de la combustion. Ces mesures, jointes à un examen de l'installation et de la technique du chauffeur, donnent des renseignements fort intéressants.

En dehors de ceux faits à l'occasion des essais de vaporisation, et qui sont au nombre de 21, nous avons effectué 12 essais simples de la combustion. Sur ces 12 installations, dont le contrôle simple de la combustion a été effectué, pour 5 d'entre elles ce simple relevé a suffit pour faire ressortir combien étaient déplorables les conditions de rendement avec lesquelles fonctionnaient ces chaudières et indiquer les transformations qui devaient être mises à l'étude pour remédier à cet état de choses. Pour les 7 autres installations elles permirent de donner des directives pour permettre d'améliorer leur rendement.

A l'occasion du contrôle simple de la combustion qui se fait aussi bien pour des chaudières chauffées à la houille qu'au bois je voudrais vous donner quelques indications sur les températures et variations de températures auxquelles sont soumises les différentes parties d'une chaudière semi-tubulaire, suivant qu'elle est chauffée au bois ou à la houille. Ceci sera un complément à l'étude, déjà très complète, que vous avec pu lire dans le Bulletin N° 2 des Associations, sur le chauffage au bois des foyers des chaudières à vapeur.

Dans la chauffe au bois de chaudières semi-tubulaires dont les foyers n'avaient pas été sensiblement modifiés pour ce genre de chauffage on a été amené, à la suite des fuites constatées aux tubes, à leur emmanchement dans les plaques tubulaires avant, à rechercher si ce mode de chauffage n'était pas la cause des fuites remarquées, l'une des causes, provoquant généralement ce genre de fuite : entartrement des tubes et des plaques tubulaires, ayant été éliminée. Pour cela, sur deux chaudières de la même batterie, de même type et de même surface de chauffe, l'une étant chauffée au bois et l'autre au charbon, les températures furent relevées en différents points.

Les résnltats furent les suivants :

TABLEAU N° 10.

TEMPÉRATURES COMPARÉES AVEC CHAUFFE AU BOIS ET AU CHARBON.

		Extrémité arrière du bouilleur.	Devant la plaque tubul. avant.	Derrière la plaque tubul. arrière.
Chauffage au bois.	Temp. minimum. . . .	690	525	316
	— maximum . . .	790	546	290
	— moyenne . . .	716	542	302
Chauffage au charbon,	Temp. minimum. . . .	710	467	300
	— maximum . . .	715	490	296
	— moyenne	713	475	298

De l'examen des chiffres obtenus il résulte que l'écart entre les températures moyennes des gaz chauds provenant de la combustion de la houille et du bois est maximum devant la plaque tubulaire avant : 67°; quand aux variations de températures, au même endroit, pour un même combustible elles sont sensiblement égales : 21° pour le bois, 23° pour le charbon. Il n'est pas impossible que les températures plus élevées des gaz dans la chauffe au bois jointes à une variation plus répétée de la température à leur entrée dans les tubes soient l'une des causes auxquelles il faille attribuer ces fuites des tubes à leur insertion dans la plaque tubulaire avant. La température plus élevée des gaz provenant de la combustion du bois à son entrée dans le faisceau résulte de la longueur de la flamme. L'augmentation du volume du foyer et une introduction judicieuse d'air seraient capables de provoquer la combustion totale de ces gaz avant qu'ils aient atteint l'extrémité des bouilleurs, ainsi que cela se produit avec les houilles à vapeur.

Essais complets de vaporisation

Vingt-huit essais complets de vaporisation nous ont été demandés pendant l'exercice qui vient de s'écouler, dont 26 seulement sont portés dans les tableaux, car pour les deux autres essais le combustible employé se composait d'un mélange de bois et charbon. Les chiffres de

TABLEAU N° 11

ESSAIS DE VAPORISATION (24 HEURES)

N°s des ESSAIS.	DÉSIGNATION DES CHAUDIÈRES.	COMBUSTIBLES.		POIDS DE CHARBON BRULÉ par heure et par mètre carré de surface.		POIDS D'EAU vaporisée par heure et mètre carré de surface de chauffe.	RENDEMENT par kilog. de charbon brut en	
		DÉSIGNATION	TENEUR en cendres 0/0	de grille.	de chauffe.		eau à 0° vaporisée à 5 k. de pression.	calories.
				kil.	kil.	kil.	kil.	
9	2 semi-tubulaires	1/3 gras 2/3 anthr.	12,	60,6	1,57	10,79	6,809	4.459
11	2 semi-tubulaires	Tout Venant 1/2 gras.	20,9	31,5	0,9	6,91	7,689	5.034
35	1 foyers intérieurs	T. V. à 17 %m. vol.	18,	48,7	1,7	8,99	5,283	3.459
130	1 Galloway	Houille à 15 % 1°	16.5	73,4	2,53	19,95	6,934	5.436
132	d°	d°	16,	71,2	2,53	18,92	7,021	5.478
134	d°	d°	15,	69,4	2,14	18,82	7,134	5.518

vaporisation ne peuvent être comparés à ceux obtenus dans les 26 autres essais. Tous avaient pour but de connaître le rendement des chaudières. Six seulement ont été exécutés sur une période de vingt-quatre heures, permettant de tenir compte des refroidissements pendant l'arrêt des chaudières et du combustible nécessaire à l'allumage. Nous résumons dans le tableau N° 11 les résultats de ces essais, qui sont comparables à ceux consignés dans nos précédents rapports.

Aucun de ces essais ne donne lieu à des remarques pouvant présenter un intérêt général.

Tous nos autres essais ont été effectués sur un laps de temps plus ou moins long, mais tous dans une même journée. Nous en donnons les résultats dans le tableau N° 12.

Les résultats de ces essais complets de vaporisation étant accompagnés d'un « contrôle de la combustion » on en peut déduire, outre le calcul du rendement des générateurs, les causes influant sur ce rendement et partant les déterminations qu'il convient de prendre, modifications dans la conduite des appareils ou dans l'agencement de leur maçonnerie et remise en état de celle-ci, ou même remplacement de ces appareils en chiffrant l'économie réalisable et permettant ainsi à l'industriel de calculer l'amortissement de la nouvelle installation à prévoir.

Ainsi l'essai 82 est un exemple de ce que peut donner, dans la conduite des feux, un mauvais choix du moment où un décrassage doit être exécuté. Dans cet essai, le combustible employé et l'allure de vaporisation plaçaient la chaudière dans ses conditions normales de production, on aurait donc dû obtenir une vaporisation par kgr. de charbon d'environ 8 kgs. Au lieu de cela on n'obtient que 6 k. 427 parce que le décrassage, au lieu d'être fait pendant l'heure d'arrêt, le fut l'après-

TABLEAU N° 12

ESSAIS DE VAPORISATION (EN MARCHE)

N° des ESSAIS.	DÉSIGNATION DES CHAUDIÈRES.	COMBUSTIBLES.		POIDS DE CHARBON BRULÉ par heure et par mètre carré de surface		POIDS D'EAU vaporisée par heure et mètre carré de surface de chauffe.	RENDEMENT par kilog. de charbon brut en	
		DÉSIGNATION.	TENEUR en cendres. 0/0	de grille.	de chauffe.		eau à 0° vaporisée à 5 k. de pression.	calories.
				kil.	kil.	kil.	kil.	
6	2 semi-tub. 2 ord. à bouill.	T. V. à 24 °/₀ mat. vol.	13,7	59,0	1,83	12,82	6.888	4.510
8	2 semi-tubulaires........	1/3 gras 2/3 ch.....	12,0	59,0	1,53	10,84	7,017	4.596
24	1 semi-tubulaire.........	d°	12,0	49,7	1,60	12,08	7,433	4.867
11	2 semi-tubulaires........	Tout Venant 1/2 gras.	20,9	35,0	1,00	7,73	7,746	5.081
17	1 semi-tubulaire.........	d°	20,9	42,7	1,21	9,78	8,058	6.276
29	2 Galloway avec Green...	Cardiff briquette....	14,0	105,2	3,66	30,91	8,122	5.318
36	1 foyer intérieur.........	T. V. à 17 °/₀ mat. vol.	18,0	75,7	2,64	14,47	5,480	3.588
42	1 retour de flamme.......	Bois..............	»	133,2	3,96	13,90	2,254	1.453
57	3 semi-tubulaires........	T. V. à 22 °/₀ mat. vol.	13,7	58,0	1,47	10,17	7,582	4.962
58	2 ordinaires à bouilleur..	T. V. à 19 °/₀ mat. vol.	13,0	55,1	1,35	11,12	5,890	4.432
95	3 Galloway avec Green..	Houil à 15 °/₀ mat. vol.	16,4	55,7	1,94	15.24	7,537	4.935
66	1 semi-tubulaire.........	T. V. 27.6 °/₀ mat. vol	16 5	35,9	0,59	3.97	8,445	4.220
69	1 retour de flamme.......	d°	14,5	37,2	1,23	8,12	6,296	4.122
»	1 field..................	Bois..............	»	143,0	7.86	16,29	2,067	1.353
82	1 semi-tubulaire	T.V. à 13 °/₀ mat. vol	14,8	67,3	1,66	11,47	6,427	4.208
129	1 Galloway.............	Houil. à 15 °/₀ mat. vol.	16,5	67,4	2,60	19,17	7,058	4.621
131	d°	d°	16,0	67,2	2,45	18,46	7,249	4.745
133	d°	d°	15,8	65,2	2,39	18,20	7,287	4.771
173	1 semi-tubulaire.........	Houil. 15,25 °/₀ m. vol	14,5	58,6	1,41	11,21	7,832	5.128
171	d°	Mazout............	»	»	»	13,02	11,065	7.245
177	1 retour flamme.........	Mélange part 1/2 grain lavés et T.V. à 16 °/₀ mat vol..........	14,2	92,0	2,28	16,65	»	4.571

midi, en plein feu et production de la chaudière, alors qu'il y avait déjà plusieurs heures que la pression était tombée et que malgré un travail incessant des feux on ne pouvait la faire remonter.

Dans les essais n°s 57, 66 et 69, c'est à l'état des maçonneries que doit être attribué l'insuffisance de rendement.

Pour l'essai 57 c'est à l'état *extérieur* des maçonneries, et devantures, les premières lézardées, les secondes fissurées, donnant lieu à des rentrées d'air considérables ainsi que le décelle l'analyse des gaz. Pour les essais 66 et 69 c'est l'état *intérieur* des maçonneries, dont le défaut d'étanchéité laisse passer directement, à la cheminée, des gaz de la combustion sans que ceux-ci aient été amenés au contact de la totalité de la surface de chauffe : fait décelé par la température très élevée des gaz au registre alors que l'allure de combustion sur grille et celle rapportée au mq. de surface de chauffe étaient très faibles.

Dans les essais n°s 6, 8 et 24, le mauvais rendement est imputable au défaut de tirage. En effet ce défaut de tirage nécessite l'emploi de charbon contenant une forte proportion de matières volatiles dont la combustion totale n'est pas assurée par suite de l'insuffisance d'air. De plus la flamme très longue donnée par ces combustibles s'allonge encore plus, du fait de l'insuffisance d'air et les surfaces de chauffe sont mal utilisées et d'nne façon anormale, car la température de ces gaz reste forcément élevée encore loin du foyer, la perte à la cheminée est donc importante.

Des résultats de l'essai n° 58 apparaît nettement l'utilité de remplacer les chaudières usagées et dont le type ne permet pas l'obtention de rendement maintenant acceptable par l'emploi des chaudières à foyers intérieurs, semi-tubulaires, ou aquatubulaires.

L'essai non numeroté a pour but principal le jaugeage de l'eau qui transformé en vapeur est utilisé par chacun des appareils de fabrication de l'Usine à l'effet de calculer la surface de chauffe à prévoir pour la chaudière à monter et qui devait permettre l'utilisation simultanée de tous ces appareils. On peut en outre tirer deux autres renseignements de cet essai : l'allure de vaporisation horaire que l'on peut obtenir en chauffant au bois une chaudière Field : 16 kgs en chiffres ronds, et la vaporisation obtenue par kgr. de bois : 2 k. 067.

L'essai n° 95, qui fut suivi d'un essai semblable mais où le combustible employé fut le bois, avait pour but la détermination de l'équivalence évaporatoire de la houille et du bois. La conclusion fut que : 1 kgr. de houille employée (15 °/° matières volatiles, 16 °/° 35 de cendres) équivalait à 2 k. 585 du bois employé (bouleau, charme et faible quantité de chêne).

L'essai n° 29 confirme les nombreux résultats d'essais de vaporisation élevée que l'on peut obtenir avec un bon rendement avec des chaudières à foyers intérieurs suivis de réchauffeur. Toutefois ces vaporisations élevées ne sont pas maintenues pendant un temps bien long sans que la chaudière elle-même n'en souffre. C'est le cas de la chaudière sur laquelle les essais ont été faits et qui a eu ses deux foyers fissurés dans les congés de raccordement avec le fond avant.

Les essais 129, 131 et 133 avaient pour but de permettre de chiffrer les économies qu'il était possible de réaliser en réchauffant l'air servant à la combustion du charbon sur les grilles par utilisation d'une partie des calories des gaz de la combustion immédiatement après la sortie du registre de la chaudière. Ce genre de récupération des chaleurs perdues est prssque le seul moyen d'améliorer le rendement des fours métallurgiques tandis que pour les chaudières à vapeur le second moyen qui consiste à réchauffer l'eau servant à l'alimentation de la chaudière est généralement le seul employé.

La chaudière, sur laquelle fut fait cet essai, est du type Galloway. Le tirage donnè par la cheminée étant insuffisant un ventilateur aspirant les gaz dans le carneau et les refoulant à la cheminée avait été installé. L'essai n° 129 fut fait le foyer de la chaudière fonctionnant dans ces conditions.

Pour l'essai n° 131 l'air servant à la combustion pris dans la chaufferie était refoulé sous les grilles par un ventilateur. Le systàme d'aspiratiou des gaz de la combustion restait le même.

Enfin, pour l'essai n° 133 l'air servant à la combustion du charbon était, avant que d'être refoulé sur les grilles, chauffé par passage dans un appareil autour duquel circulaient les gaz de la combustion de la chaudière en essai, pris au sortir du registre. L'avantage retiré du réchauffage de l'air a été trouvé pratiquement nul. Nous n'insistons pas et attendrons, pour donner un avis plus motivé, d'avoir été mis à même de faire d'autres essais sur le dit système appliqué après étude plus approfondie et mise au point plus complète.

Les essais n°s 171 et 173 ont été faits avec une même chaudière chauffée successivement à la houille et au mazout. La pulvérisation du mazout était obtenue par soufflage à vapeur, Je ne reviendrai pas sur les différentes méthodes qui sont employées pour obtenir ce même résultat et que je vous ai déjà décrites (1). Je me contenterai de vous donner ici les résultats comparatifs ayant trait à la vaporisation obtenue avec la houille et le mazout, c'est-à-dire leur équivalence : 1.000 kgr. de mazout, de densité 0,918 à 15° et dont la puissance calorifique supérieure est de 10.544 sont équivalents à 1.499 k. 322 d'un charbon à 15 à 25 °/o de matières volatiles 14,55 °/o de cendres et dont la puissance calorifique supérieure est de 8.115 calories.

Essais simples de machines

Nous avons effectué, au cours de l'année 1920 : des essais simples sur 113 machines fonctionnant dans 90 Etablissements différents et qui développaient une puissance totale de 19.821 chevaux. Ce n'est guère que le 1/8me des machines que possèdent nos adhérents qui ont été l'objet de vérifications et cela malgré les circulaires envoyées et l'attention qui a été appelée par nos Inspecteurs sur ce sujet, au cours des visites en marche du service ordinaire.

Les 113 machines ainsi vérifiées, peuvent, suivant leurs types, se ranger comme suit :

(1) *Bulletin du groupement des Associations Françaises de Propriétaires d'appareils à vapeur* N° 2 : L'emploi des combustible liquides pour le chauffage des chaudières par L. Cauchois.

63 horizontales	à obturateurs,	développant ensemble	13.319 chx.
11 —	à pistons valves,	— —	3.438 —
6 —	à soupapes,	— —	1.121 —
23 —	à tiroirs.	— —	809 —
7 verticales	à balancier,	— —	413 —
2 horizontales	à échappement central,	— —	685 —
1 verticale	type marine,	— —	36 —
113 machines développant :			19.821 chx.

Les défauts trouvés au cours de ces essais, soit provenant de défectuosités de réglage, soit d'inétanchéité des organes de distribution, de segments, de pistons, etc., vous sont tous connus ayant été exposés dans nos rapports précédents. La proportion de machines trouvées en mauvais état et donnant lieu d'une façon certaine à une consommation élevée de vapeur est de 23 % contre 35 % l'année précédente. Les facilités plus grandes qu'ont eus les industriels de faire effectuer les remises en état de leurs machines se sont déjà fait sentir. Nous ne saurions trop insister pour que ceux d'entre nos sociétaires. auxquels des remises en état de machines ont été conseillés, les fassent effectuer : les frais engagés seront vite amortis par les économies qu'ils réaliseront et la sécurité de marche qu'ils auront ainsi obtenu.

A l'occasion de ces essais nous avons effectué de nombreuses pesées ayant pour but de déterminer la puissance absorbée par tel ou tel atelier pour tel ou tel outil ; à cette occasion nous vous signalons combien nous avons trouvé de transmissions lourdes et que n'arrivait pas à expliquer la seule multiplication des renvois, mais où l'état des paliers ou encore le nivellement de ces transmissions devaient avoir leur part dans cette puissance absorbée en pure perte. La vérification des paliers et le nivellement des transmissions est une opération qui devrait être faite au minimum annuellement, et lorsque les travaux de réfection sont un peu importants, on devrait étudier leurs modifications pour l'adaptation de paliers à roulements à billes : il en résulterait une économie de puissance et d'huile. Cette dernière nullement négligeable. De même dans le but de diminuer le poids mort des transmissions il serait utile, pour les ateliers ne marchant pas en même temps que les autres, que des débrayages permettent l'arrêt de leurs transmissions.

Essais de consommation

Les essais de consommation ont été au nombre de 21, concernant 12 machines distinctes L'un de ces essais fait sur une machine nouvellement montée avait pour but de vérifier si la consommation était bien celle garantie par le constructeur. Les vingt autres essais ont eu pour objet de déterminer la consommation de 11 machines marchant déjà depuis un certain temps.

Trois de ces essais ont été faits d'après les anciennes méthodes de

TABLEAU N° 13

ESSAIS DE CONSOMMATION (24 HEURES)

N^{os} des ESSAIS	DÉSIGNATION DES MACHINES	Travail moyen développé	Détente apparente	Pression moyenne aux chaudières	Consommation par cheval-heure en kilog. de vapeur
		chev.		kilog.	kilog.
11	Horiz. tandem à pistons valves	436,4	1/20,	7,80	6,020
136, 138 140	Horiz. monocyl. à obturateur	137,40	1/10,3	6,15	9,066

l'Association, c'est-à-dire sur une période de 24 heures, tenant ainsi compte de la consommation de vapeur due aux réchauffages après les arrêts et aux mises en route. Elle donne la consommation des machines en marche industrielle.

Les résultats sont consignés dans le tableau n° 13.

Les 18 autres essais ont été effectués conformément à la méthode adoptée aujourd'hui par l'Association, c'est-à-dire la machine prise et laissée en marche et les calories récupérables déduites de la consommation. Nous en donnons les résultats au tableau n°14.

La machine dont nous étions appelés à vérifier la consommation est du type à échappement central. Objet déjà d'un essai de notre part et dont je vous ai entretenu dans mon rapport de l'année dernière, le chiffre de garantie ayant été dépassé, le constructeur avait été appelé à en effectuer la mise au point. Les nouveaux essais entrepris ont montré que ce travail de mise au point avait été suffisant pour que le chiffre de garantie (tolérance comprise) : 6 k. 180 à la puissance et conditions de marche prévues, ne soit pas dépassé. La consommation fut en effet trouvée égale à 6 k. 162. Parvenu à une époque où la reprise de constructions neuves est commencée cet exemple fait apparaître toute l'importance de ces essais de réception et l'utilité de nous appeler à les effectuer en temps utile ?

Parmi les essais faits sur des machines fonctionnant déjà depuis un certain temps : nous signalerons celui portant les n°s 14, 15 et 16 ayant trait à une machine dont la réception fut opérée en 1914 et dont la consommation a peu varié, grâce aux soins pris dans la période de chômage pour sa conservation et l'entretien dont elle fut l'objet depuis sa remise en service.

Par contre la machine a fait l'objet de l'essai n° 28, machine moderne, de très bonne construction, voit, du fait du manque d'entretien et des

TABLEAU N° 14

ESSAIS DE CONSOMMATION (EN MARCHE)

N^{os} des ESSAIS	DÉSIGNATION DES MACHINES	Travail moyen développé	Détente apparente	Pression moyenne aux chaudières	Consommation par cheval-heure	
					en kilog^{r} de vapeur	en calories
		chev.		kilog.	kilog.	cal.
24	Vert. à balancier, enveloppe inutilisable.	76,92	1/5,3	5,57	14,170	8.966
14	Horiz. tandem à pistons valves........	431,46	1/20,c	7,90	5,844	3.759
15	d°	495,59	1/15,c	7,90	5,901	3.795
16	d°	380.45	1/24,	7,94	5,815	3.787
28	Horiz. compound à piston valves.......	567,98	1/9,35	6,62	8,025	4.950
41	Horiz. monocyl à obturateurs..........	109,42	1/3,7	5,33	11,700	7.235
56	d°	277,06	1/5,25	5,87	8.510	5.279
59	d°	152,62	1/6,6	5,30	8,638	5.211
65	d°	81,84	1/15,4	5,51	12,087	7.539
68	Verticale à balancier à détente	101,73	1/22,	4,70	7,942	4.957
81	Horiz. Corliss. monocylindrique........	124,38	1/15,5	5,21	9,681	6.875
87-88	Horiz. monocyl. à échapp^{t} central......	599,62	1/10,7	10,45	6,162	3.887
119	Horiz. monocyl. à tiroir	38,31	1/8,35	6,61	11,551	7.073
135-137 et 139	Horiz. monocyl. à obturateurs sans enveloppes............................	153,2	1/10,3	6.15	8,918	5.608

conditions anormales où elle fonctionne, sa consommation de garantie majorée de 25 %.

Quant aux machines faisant l'objet des essais n°s 24, 41, 65, 81 et 119 leur état de vétusté et les avaries constatées nous ont fait conseiller à leurs propriétaires leur remplacement, l'économie de vapeur réalisée par l'installation d'une machine moderne pouvant atteindre pour certaines d'entre elles 30 %.

Pour les autres machines qui venaient d'être remises en état leur consommation, eu égard à leur système était satisfaisant, et si le remplacement de certaines de ces machines est à envisager il ne revêt pas le caractère d'urgence de celui ayant trait au groupe de machines dont nous vous avons parlé précédemment.

Essais de consommation d'appareils divers

En outre d'essais de consommation en vapeur, de bacs de capacité et d'usages divers nous avons déterminé celle de 2 systèmes d'encolleuses :

Les premières, du système à tambours, étaient employées au séchage de fils de coton. Par kilogramme de chaîne, vapeur pour cuire la colle comprise, mais non celle pour force motrice, la dépense a été de 5 k. 576, 5 k 435 et 4 k. 990, le dernier de ces chiffres a été obtenu avec une encolleuse à un seul tambour, les deux premiers avec encolleuses ordinaires à 2 tambours.

Les seconde, du système à ailettes avec ventilateur, étaient destinés au séchage de fils de laine. Par kilogramme de chaîne, vapeur pour la force motrice comprise, mais celle pour la dissolution de la gélatine non comprise, la dépense a été de 6 k. 371.

IV. — TRAVAUX DIVERS

Les travaux divers, qui ne trouvent place sous aucune des rubriques précédentes, ont été assez nombreux cette anneé. Sans entrer dans le détail, je vous en donne une énumération qui suffira pour montrer la grande variété des questions qui peuvent être soumises à notre examen ;

Etudes relatives aux conditions d'installations de chaudières et de cheminées.

Relevé des dépressions existant à la base des cheminées et dans les carneaux.

Recherche des causes du manque de pression aux chaudières à vapeur d'une batterie.

Recherche des causes du mauvais tirage.

Examens de massifs en maçonnerie de chaudières, après construction ou reconstruction.

Plans de maçonneries pour chaudières à vapeur.

Plans d'ensemble pour le montage de chaudières, machines à vapeur et cheminées.

Visites de carneaux de chaudières.

Recherche des causes ayant provoqué des explosions de gaz dans des carneaux de chaudières.

Evaluation de stocks de combustibles.

Examen de la marche de fours spéciaux.

Etude et plans de foyers à bois.

Détermination de la puissance utile de turbines à eau.

Projet d'installation de réchauffeur « Green ».

Examen de tuyauteries.

Visites de récipients ayant pour but de désigner ceux qui étaient soumis aux prescriptions du décret de 1907.

Modéles de délarations d'appareils à vapeur.

Correspondance avec l'Aaministration des Mines.

Enfin, consultations verbales en grand nombre sur toutes les questions de notre compétence.

Visite de plombage de machines à imprimér.

Essai de consommation pompe à vapeur pour alimentation des chaudières.

Dispositions pour chauffage d'une rame.

Analyse d'huile comestible.

Essais de consommation de récipients.

Analyse de tourbe.

Séchage de tourbe.

Essai de turbine hydraulique.

Examen de chaudière pour chauffage à basse pression.

Renseignements pour la mise en marche d'une étuve.

Examen d'huile de graissage.

Je termine le compte rendu de ce 47me exercice en vous remerciant, Messieurs, pour la confiance que vous voulez bien continuer à nous témoigner. C'est grâce è elle et à une collaboration intime avec vous que nous pouvons vous apporter la sécurité et vous aider à améliorer les conditions de marche de vos industries. Pour l'accomplissement de cette mission vous pouvez compter sur l'entier dévouement de tout le personnel de l'Association et particulièrement de son Ingénieur en chef.

Louis CAUCHOIS.

DOCUMENTS ADMINISTRATIFS

CIRCULAIRE MINISTÉRIELLE DU 5 JANVIER 1920

rendant valables sur le territoire de la République les épreuves exécutées par l'Association alsacienne

Le Ministre
à Monsieur le Préfet du département de

Le régime réglementaire des appareils à vapeur en Alsace-Lorraine a été maintenu, depuis la réintégration de ces provinces, tel qu'il existait auparavant et cette situation provisoire vient d'être sanctionnée par l'article 3 de la loi du 17 octobre 1919. En particulier, les épreuves hydrauliques d'appareils à vapeur continuent, jusqu'à nouvel ordre, à être exécutées dans ces provinces suivant les prescriptions de l'ordonnance du 5 août 1910 qui, notamment, habilite les agents des associations de propriétaires agréées (en fait l'Association alsacienne) à y procéder, au même titre que les Ingénieurs des Mines et sans les distinctions qui sont formulées, pour le reste de la France par la circulaire ministérielle du 24 mars 1919.

Après examen de la situation résultant de ces circonstances, j'ai décidé qu'il y a lieu, jusqu'à nouvel ordre, de considérer comme valables sur le territoire de la République les épreuves exécutées par l'apposition du poinçon à la roue de Mulhouse.

Vous trouverez ci-contre en marge le fac-similé de ce poinçon.

Veuillez m'accuser réception de la présente circulaire, dont j'envoie directement ampliation aux Ingénieurs des Mines.

Pour le Ministre et par ordre :
Le Directeur des Mines
DEFLINE.

CIRCULAIRE MINISTÉRIELLE DU 3 MARS 1920

concernant la répartition du charbon et rappelant les services que peuvent rendre les Associations de propriétaires d'appareils à vapeur pour aider à sa meilleure utilisation.

Le Sous-Secrétaire d'Etat des Mines
et des Forces hydrauliques
à M. l'Ingénieur en chef des Mines.

Parallèlement à la réalisation des mesures propres à développer la production des houillères qui doit être poursuivie avec l'opiniâtreté la plus tenace, il convient de veiller avec un soin tout particulier à tirer le meilleur parti possible du combustible dont le pays dispose pour l'ensemble de ses besoins.

Il est hors de doute que des améliorations importantes peuvent être obtenues dans cette voie et qu'actuellement le combustible est parfois véritablement gaspillé par suite de son emploi dans des foyers peu économiques, de la dispersion et des mauvaises conditions de fonctionnement des installations de force motrice, de la mauvaise conduite des appareils de chauffe.

Le rôle que vous jouez dans la répartition des combustibles comme représentant du Bureau National des Charbons vous met en mesure d'exercer un contrôle sur les conditions dans lesquelles ces combustibles sont consommés en même temps qu'il vous arme d'une façon si efficace contre les industriels qui ne paraîtraient pas disposés à tenir compte de vos observations et à améliorer les installations dont vous leur auriez signalé les défectuosités.

La gravité de la crise des combustibles est telle et menace si profondément les intérêts vitaux du pays que l'on peut être amené à envisager l'arrêt de certaines usines travaillant dans de mauvaises conditions pour reporter le combustible qu'elles consomment et le personnel qu'elles occupent sur des usines mieux outillées dans la même région.

Sans aller immédiatement jusqu'à cette mesure extrême, il importe de favoriser dès maintenant, dans la répartition du charbon, les usines qui sont en mesure d'en tirer le meilleur parti. Pour cette appréciation toujours fort délicate, vous pourrez vous servir très utilement des *Associations de propriétaires d'appareils à vapeur*. Comme vous savez, l'un des objets de ces organismes est de faire réaliser des économies de combustible à leurs adhérents, mais cette partie de leur programme paraît avoir été quelque peu sacrifiée jusqu'ici aux questions de sécurité qui ont plus particulièrement retenu leur attention. Sans bien entendu négliger celles-ci en quoi que ce soit, j'ai demandé aux Associations d'intensifier très largement leur effort dans la poursuite des économies de combustibles et elles sont tout à fait disposées à répondre à cet appel.

Il n'est pas douteux qu'un effet utile résultera de la surveillance qu'elles exerceront sur la conduite des chaufferies et des améliorations qu'elles suggéreront à leurs adhérents.

Pour appuyer leur action, il y aura lieu de tenir compte dans la répartition des combustibles, des renseignements fournis par les Associations et de favoriser les industriels qui vous produiront des certificats d'essais de consommation, comptes rendus de visites et autres documents émanant des Associations et attestant qu'ils font bon usage du combustible mis à leur disposition.

Je vous prie d'examiner, suivant l'esprit des directives qui précèdent, dans quel sens votre action peut s'exercer de la manière la plus efficace. Vous voudrez bien après échange de vues avec les Chambres de Commerce et les Groupements industriels intéressés, me soumettre le plus tôt possible et en tous cas avant la fin du mois, vos observations sur les moyens qui vous paraissent les plus convenables pour mener à bien la nouvelle et si importante tâche qui vous est confiée et à laquelle il convient que tous vos collaborateurs participent avec leur dévouement habituel à la chose publique.

ANTOINE BORREL.

RAPPORT AU PRÉSIDENT DE LA RÉPUBLIQUE ET DÉCRET DU 14 MARS 1920

instituant au ministère des travaux publics une commission interministérielle chargée d'étudier les moyens propres à assurer une meilleure utilisation du combustible.

Monsieur le Président,

La pénurie de combustible est actuellement trop grave en France pour que le Gouvernement ne cherche pas par tous les moyens à y remédier ; aussi, à côté de toutes les mesures prises pour accroître la production nationale et l'importation des combustibles étrangers, il est nécessaire de veiller très attentivement à ce que tout le parti possible soit tiré du charbon dont nous disposons.

Il est incontestable que des améliorations considérables peuvent être réalisées dans ce sens ; sans parler du chauffage domestique où la plus grande partie de la chaleur est généralement gaspillée, des résultats très importants peuvent être obtenus dans l'industrie par un meilleur aménagement des foyers, par un réglage plus judicieux de l'air nécessaire à la combustion, par le réchauffage de l'eau d'alimentation, par une éducation pratique convenable des chauffeurs, ainsi que par la mise au point et la généralisation des nouveaux procédés de chauffage et de force motrice qui permettent d'obtenir du combustible un rendement plus élevé.

Il serait en outre avantageux dans un grand nombre de cas de concentrer la production de vapeur ou de force motrice dans des installations importantes, en arrêtant les petites installations généralement fort anciennes et dont le rendement est défectueux.

A cet effet, il m'a semblé désirable de constituer au ministère des travaux publics une commission interministérielle comprenant des représentants du Parlement, des administrations intéressées et des consommateurs de charbon ainsi que des techniciens, qui serait chargée d'étudier tous les moyens propres à amener une économie de combustible et qui, indépendamment de la publicité qui serait donnée à ses travaux, proposerait toutes mesures destinées à réaliser le but envisagé et, le cas échéant, pourrait faire procéder aux essais pratiques indispensables.

Des commissions analogues fonctionnent déjà dans d'autres pays étrangers notamment en Angleterre, et leurs travaux ont permis d'obtenir des résultats très intéressants. La composition de la commission que j'envisage, par la qualité des membres qni y seraient désignés et les intérêts qu'ils représenteraient, serait un sûr garant de l'efficacité des mesures proposées et de l'économie de combustible qui ne tarderait pas à être obtenue.

Tous les trois mois au moins cette commission devrait adresser un rapport relatant ses travaux, qui serait publié au *Journal officiel*. Je ne doute pas que la diffusion de ces renseignements par la voie des journaux ne soit un excellent moyen de persuasion pour amener les consommateurs à éviter tout gaspillage de combustible.

Si ces dispositions ont votre assentiment, je vous serai obligé de vouloir bien revêtir le projet de décret ci-joint de votre signature.

Veuillez agréer, Monsieur le Président, l'assurance de mon respectueux dévouement.

Le Ministre des Travaux publics,
YVES LE TROCQUER.

Le Président de la République française
Sur le rapport du Ministre des travaux publics,

Décrète :

Art. 1er. — Il est institué au ministère des travaux publics, sous la présidence du Sous-Secrétaire d'Etat des Mines et des forces hydrauliques, une commission interministérielle chargée d'étudier les moyens propres à assurer une meilleure utilisation du combustible et de proposer toutes mesures nécessaires à cet effet.

Art. 2o. — La commission instituée à l'article précédent comprend :

3 sénateurs.

5 députés,

9 représentants des administrations publiques.

3 professeurs ou techniciens spécialistes des questions relatives à l'utilisation de combustibles.

11 représentants des industriels consommateurs de charbon ou des associations des propriétaires d'appareils à vapeur.

Les membres de la commission sont nommés par arrêté du Ministre des Travaux publics, sur la proposition du Sous-secréteire d'Etat des mines et des forces hydrauliques (1).

Art. 3o. — Ceste commission provoque les suggestions des groupements industriels et des constructeurs intéressés, centralise et coordonne les renseignements ainsi obtenus. recherche tous les moyens propres à faciliter l'étude des procédés nouveaux de chauffe, à améliorer le rendement des combustibles et à compléter l'instruction professionnelle des chauffeurs. Elle propose les mesures nécessaires pour réaliser les buts ci-dessus et, le cas échéant, fait procéder aux essais pratiques nécessaires.

Art. 4o. — La commission se réunit sur la convocation du président ou du vice-président. Elle présente, tous les trois mois au moins, un rapport relatant ses travaux et les propositions qu'elle a émises, ce rapport est publié au *Journal officiel*.

Art 5o. — Cessent de plein droit de faire partie de la commission les membres qui n'exercent plus les fonctions ayant motivé leur nomination ; ils sont immédiatement remplacés par les membres appartenant aux catégories qu'ils représentent eux-mêmes.

Art. 6o. — Le Ministre des Travaux publics est chargé de l'exécution du présent décret.

Fait à Paris, le 14 mars 1920.

P. DESCHANEL.

Par le Président de la République :

Le Ministre des Travaux publics,
YVES LE TROCQUER.

---

(1) Par décret du 15 avril 1920 l'article 2 a été modifié comme suit : 5 sénateurs au lieu de 3 ; 6 députés au lieu de 5 ; 4 professeurs au lieu de 3.

CIRCULAIRE MINISTÉRIELLE DU 6 MAI 1920

concernant l'application de l'art. 16 du Décret du 9 octobre 1907 (fermeture des portes de foyers et de cendriers) aux chaudières à foyer soufflé ou à chauffage par le gaz.

Le Sous-secrétaire d'Etat
à Monsieur le Préfet du département de

Pas plus que les chaudières à chargement mécanique du combustible, qui ont fait l'objet de la circulaire du 7 août 1919, les chaudières à foyer soufflé, ou à chauffage par le gaz, l'huile lourde, le mazout, etc , n'échappent à l'application de l'art. 16 du décret du 9 octobre 1907. Les précautions édictées par cet article pour protéger le personnel contre les conséquences du dégagement éventuel d'un flux de vapeur brûlante à l'intérieur du fourneau doivent être prises dans l'installation de ces chaudières comme de toutes autres.

Dans beaucoup d'entre elles, le soufflage est fait au moyen de ventilateurs, et l'air amené sous les grilles dans des gaînes étanches ne comportant aucun orifice, dont la marche normale de l'installation exige l'ouverture et dont par suite la fermeture doive être automatique aux termes de l'art. 16 ; le cendrier comporte généralement une baie de nettoyage avec fermeture étanche ; l'emploi de pelles ou ringards pour l'enlèvement des cendres par cette baie normalement fermée en marche y paralyserait l'effet d'un dispositif automatique, dont on doit en conséquence considérer que l'esprit de l'art. 16 n'exige pas l'existence. Dans une installation de ce genre, il suffif donc que les gaines à air aient une solidité convenable et que le dégagement éventuel du flux de vapeur par la prise d'air du ventilateur ne présente pas de danger pour le personnel.

Les installations où le soufflage est obtenu au moyen d'ejecteurs de vapeur et celles de chauffage par combustible gazeux ou vaporisé, comportent généralement, au contraire. des entrées d'air par tuyères ou trompes béantes susceptibles de donner lieu, le cas échéant, aux accidents que l'article 16 cherche à éviter. Lorsque ces trompes sont disposées latéralement ou lorsque l'air leur est amené par des gaînes analogues à celles dont il est question à l'alinéa précédent, de telle sorte que, dans l'un ou l'autre cas, le flux de vapeur pouvant en sortir à la suite d'un accident ait une direction inoffensive, on peut admettre qu'elles rempliraient un rôle analogue à celui des dispositions prévues à la dernière phrase de l'art. 16 et qu'elles ne comportent aucun organe de fermeture ; il est essentiel d'ailleurs en raison de la pression qui peut se produire dans le foyer au-dessus de la couche de combustible, que les dites dispositions soient prises par ailleurs dans une très large mesure.

Dans le cas, au contraire, où les tuyères seraient installées en façade, de manière à diriger vers les chauffeurs la sortie éventuelle de la vapeur, l'adoption de dispositifs spéciaux pour satisfaire à l'art. 16 du décret devrait être exigée, sauf application de l'art. 38 à telles ou telles espèces pour lesquelles cette application serait reconnue justifiée.

Veuillez m'accuser réception de la présente circulaire dont j'adresse directement ampliation aux Ingénieurs des Mines.

Par autorisation :
Le Directeur des Mines,
GUILLAUME.

CIRCULAIRE MINISTÉRIELLE DU 7 JUIN 1920

autorisant les Associations de propriétaires d'appareils à vapeur à procéder aux épreuves des récipients à gaz liquéfiés ou comprimés.

Le Sous-Secrétaire d'Etat des Mines et des Forces hydrauliques à Monsieur l'Ingénieur en chef des Mines.

Aux termes de la circulaire du 15 décembre 1897 portant instructions pour l'application de l'article 180 de l'arrêté du 12 novembre de la même année réglementant le transport par chemin de fer des matières dangereuses ou infectes, les épreuves de récipients à gaz liquéfiés ou comprimés, ainsi que les vérifications relatives aux indications de poids à vide et de charge maximum devant être, en certains cas, poinçonnées sur les récipients, rentrent dans les opérations normales du service ordinaire des Mines comme les épreuves des appareils à vapeur.

En vertu du décret du 23 février 1919, les Associations de propriétaires d'appareils à vapeur ont été autorisées à procéder, sous certaines conditions, aux épreuves d'appareils à vapeur.

L'Association des propriétaires d'appareils à vapeur du Nord de la France, à la suite d'une intervention de la Société « L'Air Liquide » a saisi l'Administration d'une requête tendant à ce que les épreuves hydrauliques des récipients destinés au transport de gaz comprimés puissent être faites valablement par les Associations de propriétaires d'appareils à vapeur au même titre que par le service des mines.

La Commission centrale des machines à vapeur et la Commission d'application du règlement du 12 novembre 1897, consultées, ont émis un avis favorable à la demande présentée et ce pour des raisons analogues à celles qui ont conduit à la promulgation du décret précité du 23 février 1919. Il leur a paru que les Associations agréées de propriétaires d'appareils à vapeur présentaient toutes les garanties désirables pour exécuter les opérations en question, y compris les vérifications de tare et de chargement, qui sont dans certains cas connexes ou même peuvent être demandées indépendamment des épreuves hydrauliques, et pour suppléer ainsi le service des mines dont le personnel, en raison de son effectif restreint et de ses multiples occupations, suffit difficilement dans certaines régions à cette tâche supplémentaire.

Après examen, ces avis m'ont paru susceptibles d'être adoptés. J'ai, en conséquence, décidé que les Associations agréées de propriétaires d'appareils à vapeur seront autorisées à procéder aux opérations de l'espèce par délégation de même ordre que celle que leur a donnée pour les appareils à vapeur le décret du 23 février 1919 dans les conditions qui ont été fixées par la circulaire ministérielle du 24 mars suivant. Les mêmes règles seront appliquées pour l'exécution des épreuves conformément aux indications techniques des circulaires en vigueur sur la matière ainsi que pour la constatation de leur succès par l'établissement d'un procès-verbal et par l'apposition du poinçon défini par la circulaire du 22 mai 1919. Il demeure entendu qu'en ce qui concerne les récipients à gaz, la délégation s'applique aux premières épreuves comme au renouvellement de ces mêmes épreuves.

Comme pour les épreuves d'appareils à vapeur, celles des récipients à gaz restent soumises à la taxe telle qu'elle a été été établie par la loi du 13 avril 1898. Dans ces conditions, il vous appartiendra de veiller à ce que toutes les épreuves effectuées directement par les Associations donnent lieu à la perception de la taxe ; à cet effet, chaque opération devra faire l'objet d'un procès-verbal qui devra vous être régulièrement transmis en temps utile. Au cas où vous constateriez des négligences à cet égard ou des omissions de la part des Associations, vous avertiriez celles-ci qu'elles s'exposent au retrait de l'autorisation qui leur a été accordée. Vous me rendrez compte d'ailleurs de toutes les difficultés qui résulteraient de ces nouvelles dispositions.

Vous voudrez bien m'accuser réception de la présente circulaire et assurer l'exécution des instructions qu'elle contient.

ANTOINE BORREL.

DÉCRET DU 23 JUIN 1920

modifiant l'article 33 du décret du 9 octobre 1907 qui réglemente l'emploi des appareils à vapeur fonctionnant à terre (Tuyauteries)

Le Président de la République Française,

Sur le rapport du Ministre des Travaux publics.

Vu le décret du 9 octobre 1907 qui réglemente l'emploi des appareils à vapeur fonctionnant à terre ;

Vu le décret du 25 avril 1910 portant addition à l'article 18 du précédent ;

Vu l'avis de la Commission centrale des machines à vapeur ;

Le Conseil d'Etat entendu,

Décrète :

ARTICLE 1er. — L'article 33 du décret sus-visé du 9 octobre 1907 est modifié et complété comme suit :

Sont soumis aux dispositions suivantes les récipients de forme diverses, d'une capacité de plus de 100 litres, qui reçoivent de la vapeur d'eau empruntée à un générateur distinct.

Sont exceptés toutefois :

1° Ceux dans lesquels les dispositions matérielles efficaces empêchent la pression effective de cette vapeur de dépasser 300 grammes par centimètre carré ;

2° Les cylindres de machines, avec ou sans enveloppes, et les enveloppes de turbines ;

3° Les tuyauteries, sous la réserve que l'article 45 sera applicable aux accidents occasionnés par les tuyauteries ou pièces de tuyauteries mesurant plus de cinquante centimètres carrés de section intérieure et appelées à canaliser la vapeur sous une pression effective susceptible de dépasser 300 grammes par centimètre carré.

ARTICLE 2°. — Le Ministre des Travaux publics est chargé de l'exécution du présent décret, qui sera publié au *Journal officiel* et inséré au *Bulletin des Lois*.

Fait à la *Monteillerie*, le 23 juin 1920.

P. DESCHANEL.

Par le Président de la République :

Le Ministre des Travaux publics,
YVES LE TROCQUER.

CIRCULAIRE MINISTÉRIELLE DU 30 JUIN 1920

envoyant et commentant le décret du 23 juin 1920 qui prescrit la déclaration et l'enquête administrative pour les accidents de tuyauteries à vapeur. Recommandations concernant l'établissement et l'emploi de ces tuyauteries.

Le Sous-Secrétaire d'Etat,
à M. le Préfet du Département de

L'article 33 du décret du 9 octobre 1907, qui réglemente actuellement l'emploi des appareils à vapeur fonctionnant à terre, définit les récipients à vapeur assujettis au titre V ainsi qu'aux dispositions générales de ce décret. Il en excepte toutefois certains, notamment les tuyauteries, lesquelles se trouvent de ce fait totalement exemptes de la réglementation. Il en résulte qu'en cas d'accident occasionné par une tuyauterie de vapeur, l'article 45 dudit décret n'étant pas applicable, le service des mines n'a ni enquête à faire, ni rapport à établir, ni avis à fournir au Parquet : si l'accident a le caractère d'un accident du travail, il n'a pas non plus à envoyer au Juge de Paix copie de son rapport, n'ayant pas eu à faire de rapport.

Il n'en est autrement que si l'accident a eu lieu sur les installations d'une mine ; le Service des Mines tient alors une mission d'enquête non point du règlement sur les appareils à vapeur, mais des lois et règlements qui lui confèrent la surveillance des exploitations minières.

L'abstention complète du Service des Mines (hors le cas particulier des exploitations minières) en matière de tuyauterie de vapeur, avait déjà attiré l'attention de M. le Ministre du Travail et de la Prévoyance sociale qui, en 1912, avait soulevé la question de savoir si, les tuyauteries des établissements industriels divers n'étant pas surveillées par les Ingénieurs des Mines, il ne conviendrait pas qu'elles le fussent par les Inspecteurs du travail.

Après examen de la question soulevée, il a été reconnu d'un commun accord que, quel que fût le détail de la réglementation, les tuyauteries de vapeur faisaient partie d'un ensemble qui ne pouvait être divisé sous le rapport de la compétence administrative et que, par suite, si des prescriptions réglementaires avaient à être édictées en ce qui concerne cette partie des installations à vapeur, c'était dans la réglementation des appareils à vapeur que ces prescriptions auraient à prendre place et que c'était le Service des Mines qui serait chargé d'en surveiller l'exécution.

Il était donc tout à fait rationnel, afin de pouvoir poursuivre utilement l'étude de la question, de rendre obligatoire pour les industriels la déclaration des accidents provenant des tuyauteries au service chargé de la surveillance des appareils à vapeur et de donner à ce service, ainsi avisé, mission d'effectuer une enquête, d'établir un rapport, de procéder en un mot pour les accidents de cette nature comme pour les accidents provenant de la chaudière elle-même. Il a paru qu'il suffisait, à cet effet, d'une addition au texte du règlement rendant applicable l'article 45 aux accidents occasionnés par les tuyauteries.

Il a été reconnu toutefois qu'il n'y avait pas lieu de comprendre dans la mesure nouvelle les tuyauteries ou pièces de tuyauteries de section minime, qui ne sauraient donner lieu à des accidents de beaucoup d'ampleur et qui, bien qu'extrêmement nombreuses dans les installations industrielles, ne constituent au total qu'un faible risque. Dans le choix de la limite à adopter, il a donc semblé naturel de s'inspirer des dispositions de l'article 14 du règlement, aux termes duquel, sur les groupes générateurs composés de deux ou de plusieurs appareils, ce sont seulement les prises de vapeur correspondant à une conduite de plus de 50 centimètres carrés de section intérieure qui doivent être pourvues de clapets ou soupapes de retenue. Ce chiffre de 50 centimètres carrés correspond, pour une conduite de section circulaire, à un diamètre de 8 centimètres : c'est une limite au-dessous de laquelle il est raisonnable que le Service des Mines n'ait pas à intervenir.

De même, il a paru convenable de n'assujettir à la mesure nouvelle, quel que soit le diamètre des tuyaux, que ceux appelés à canaliser la vapeur sous une pression effective notable. Ici encore, le choix de la limite était tout indiqué par le reste du texte réglementaire ; les générateurs de vapeur où la pression effective de la vapeur n'est pas susceptible de dépasser 300 grammes par centimètre carré sont exemptés de la réglementation par l'article 1 du décret ; c'est à cette même limite que l'on a jugé bon de s'arrêter pour la disposition nouvelle concernant les tuyauteries.

Après avoir consulté le Conseil d'Etat et sur son avis conforme, j'ai soumis à M. le Président de la République un décret, destiné à compléter, au point de vue considéré, le règlement de 1907.

Vous trouverez ci-joint ampliation de ce décret, qui a été sanctionné le 23 juin 1920 et dont je vous prie de vouloir bien assurer l'exécution.

Comme il est dit plus haut, la mesure qu'il édicte a pour but essentiel de fournir à l'administration des éléments authentiques en vue d'une réglementation préventive qui constituera ultérieurement, si elle est reconnue utile, la seconde phase de la réforme.

Mais dès à présent, les renseignements incomplets qui sont parvenus à mes services permettent de dégager un certain nombre de recommandations qu'il paraît utile de porter à la connaissance des installateurs et usagers de tuyauteries de vapeur, sous forme de conseils officieux à donner par les fonctionnaires et agents du Service des Mines au cours de leurs tournées.

L'attention doit se porter tout d'abord sur le choix des matériaux constitutifs des tuyauteries ; déjà la circulaire du 8 février 1911 a signalé les dangers de l'emploi de la fonte de fer pour les pièces spéciales telles que les boîtes à clapets ; la fonte de fer ne résiste bien qu'aux efforts statiques de compression : les efforts de traction, les effets dynamiques et les variations rapides de température lui conviennent fort mal et toutes les parties d'une tuyauterie de vapeur de quelque importance y sont plus ou moins exposées : l'emploi de la fonte de fer pour l'une quelconque de ces parties est donc à déconseiller formellement.

Beaucoup de tuyauteries ont été construites en cuivre, en raison de la facilité du travail de ce métal et notamment de petites déformations que peut nécessiter le montage sur place quand l'étude géométrique de l'installation n'a pas été faite d'avance avec une entière précision. Mais le cuivre perd beaucoup de résistance aux températures un peu élevées, de sorte qu'il doit être considéré comme contre-indiqué pour les tuyauteries destinées à canaliser de la vapeur saturée à une pression effective dépassant notablement 6 kilogrammes par centimètre carré et surtout de la vapeur surchauffée ; cette remarque a une particulière importance pour les tuyauteries de fort diamètre.

On peut signaler à cet égard les bons résultats obtenus, en vue d'utiliser les tuyauteries en cuivre existantes, par leur frettage en fil d'acier.

Le mode d'assemblage des bouts de tuyaux dans leurs brides de jonction doit être l'objet d'une particulière attention ; il faut rappeler à ce sujet la phrase suivante de la circulaire du 10 août 1903 : « On doit s'interdire de compter, pour la tenue d'un assemblage. sur la résistance d'un frottement ». La brasure simple s'est souvent elle-même montrée insuffisante : le rabattement de l'extrémité du tuyau en forme de collerette évasée ou le refoulement du métal par dudgeonnage dans des rainures suffisamment profondes ménagées dans la bride constituent un supplément de précaution des plus utiles.

L'un des plus graves dangers qui menacent une tuyauterie de vapeur est celui qui provient des coups d'eau ; la circuleire du 4 janvier 1899 a déjà appelé l'attention sur ce danger et des études techniques, notamment celles publiées à la même époque dans les *Annales des Mines*, ont donné, avec tous les développements utiles, des précisions sur un certain nombre de ruptures de boîtes de valves ou de clapets qui en ont été la conséquence. L'expérience a montré depuis que ce danger n'était pas à redouter seulement pour les boîtes en question, mais que toutes les parties d'une tuyauterie y étaient exposées ; des accidents nombreux, et notamment le plus grave de ceux qui sont parvenus à ma connaissance l'ont montré.

Il est donc essentiel que le tracé d'une tuyauterie soit étudié avec soin, en plan et en profil, pour éviter que des accumulations d'eau puissent s'y produire et pour prévoir tous dispositifs de purge nécessaire à leur élimination en temps utile et manœuvrés à cet effet, s'ils ne sont pas automatiques, conformément à des consignes formelles ; les dispositifs de by-pass peuvent dans certains cas rendre à cet effet de bons services.

Il est important aussi que cette étude du tracé tienne compte des efforts de dilatation que les variations de température peuvent produire, et qui atteignent parfois des valeurs considérables ; il ne faut pas oublier que, lorsque les conditions d'établissement en sont défectueuses, les pièces spéciales destinées à absorber ces dilatations sont exposées à se rompre elles-mêmes, les joints glissants à se déboîter.

Enfin, il convient de rappeler que les conséquences des accidents de tuyauterie, de quelque nature qu'ils soient, peuvent être sinon supprimées entièrement, du moins dans la plupart des cas considérablement atténuées par l'emploi des clapets automatiques d'arrêt de vapeur, fonctionnant, au contraire des clapets de retenue qui sont réglementaires en vertu de l'article 14 du décret de 9 octobre 1907, dans le sens normal de l'écoulement de la vapeur au cas d'accélération accidentelle de cet écoulement. Des appareils de cette espèce ont été employés pour satisfaire au décret du 29 juin 1886, mais des difficultés pratiques en avaient longtemps limité l'usage. L'expérience acquise depuis cette époque dans les régions de grande industrie a permis de remédier à ces difficultés et les clapets en question y sont devenus d'un usage courant ; sans que le moment paraisse encore venu de les prescrire par voie réglementaire, il semble que leur emploi puisse être utilement conseillé dans la plupart des cas.

Il va sans dire qu'un même clapet se fermant dans les deux sens, comme il en existe de nombreux modèles, peut jouer à la fois le rôle prévu par l'article 14 du décret du 9 octobre 1907 et qui vient d'être défini.

Je vous serai obligé de m'accuser réception de la présente circulaire que j'adresse directement aux Ingénieurs des Mines et des Ponts et Chaussées.

Par autorisation :

Le Directeur des Mines,

GUILLAUME.

Rouen. — Imp. J. GIRIEUD, 58, rue des Carmes.

www.ingramcontent.com/pod-product-compliance
Ingram Content Group UK Ltd.
Pitfield, Milton Keynes, MK11 3LW, UK
UKHW021103270726
13993UKWH00006B/813

9 782329 207780